*Librairie de Firmin Didot Frères et Comp.ie*,
*Rue Jacob, N° 56.*



# ARCHITECTURE ARABE,

OU

# MONUMENTS DU KAIRE,

Dessinés et Mesurés, de 1818 à 1826,

PAR

## PASCAL COSTE.

**Un Volume in-folio,**

*Contenant Soixante-six Planches gravées au trait,*

ET TRENTE PLANCHES OMBRÉES,

PRÉCÉDÉ

D'UNE INTRODUCTION HISTORIQUE SUR L'ARCHITECTURE ARABE,
DE LA DESCRIPTION DE CHAQUE MONUMENT, ET D'UN PLAN GÉNÉRAL DE LA VILLE DU KAIRE
OU SERA TRACÉE LA POSITION DE CHAQUE ÉDIFICE DÉCRIT DANS CET OUVRAGE.

## PROSPECTUS.

Le Kaire a été une des premières conquêtes des successeurs immédiats de Mahomet. Cette ville, étant devenue le siége de la puissance des Arabes, parvint, sous les califes, à un état très-florissant pour les sciences, comme pour les arts. Les édifices des Arabes prirent alors un caractère d'originalité, de grandeur et de richesse, qui fut celui de l'époque pendant laquelle ce peuple étendit ses conquêtes en Afrique, en Espagne et en France.

L'influence que l'art des Arabes exerça dans ces contrées doit faire une partie importante de l'histoire de l'architecture; et, sous ce rapport, les monuments du Kaire, accompagnés d'une notice historique, qui les place dans un ordre chronologique, deviennent du plus grand intérêt. Des dessins exacts offriront ce que cette architecture a de plus essentiel. On y trouvera des dispositions tout à la fois grandes et naïves, des formes d'un caractère nouveau et original, des ornements d'un goût fin et délicat; enfin, une construction et une exécution qui indiquent le haut degré d'intelligence et de savoir qui signale cette époque.

L'architecture arabe manquait aux arts, qui possèdent déjà une infinité d'ouvrages sur les monuments des peuples, soit anciens soit modernes. L'ouvrage sur les monuments du Kaire remplit la lacune qui existait entre l'art antique de l'Orient et l'art moderne de l'Occident.

Des vues pittoresques donneront une idée des sites, et offriront aux peintres une nouvelle source pour leurs compositions; le dessinateur apercevra une infinité de motifs originaux propres à être employés dans nos fabriques et dans nos manufactures. Mais l'architecte surtout y verra des dispositions grandes, simples et bien ordonnées, des détails de construction d'un grand intérêt, et un goût particulier dans les profils, ainsi que dans les ornements.

Enfin, on trouvera des plans, des coupes, des élévations, des vues perspectives, des détails d'ornements et de compartiments, dont l'étude peut être utile à tous ceux qui s'occupent des beaux-arts; et, comme le goût naît souvent de la nouveauté, l'ouvrage que nous annonçons aura un grand avantage, sous ce dernier point de vue.

M. Coste, architecte, appelé, en 1818, auprès du pacha d'Égypte, pour diriger plusieurs travaux importants, ayant été favorisé par la bienveillance éclairée de ce généreux protecteur des Européens, fut autorisé à mesurer et à dessiner tous les édifices du Kaire et d'Alexandrie qu'il croirait nécessaire d'étudier, afin d'exécuter ses travaux selon le style et dans les proportions des monuments du pays.

C'est à l'aide de cette faveur que M. Coste a pu facilement faire, pendant un séjour de huit ans, les recherches sur l'architecture arabe, qu'il offre au public en ce moment.

Toutes les planches seront gravées par MM. Hibon et Olivier. Les vues des monuments seront ombrées par M. Courtin.

L'ouvrage entier sera imprimé par M. Louis Letronne, d'après des procédés particuliers qui donneront aux planches ombrées l'aspect d'un dessin lavé.

Chaque livraison, imprimée sur papier demi-colombier, se composera, conformément au tableau ci-joint, de 5 planches au trait, et de 2 ou 3 ombrées.

La première livraison sera mise en vente le 15 Avril. Il en paraîtra une régulièrement tous les mois.

# ORDRE DES PUBLICATIONS.

| Livraisons. | PLANCHES. | Nombre des planches. | Numéros des planches. | Nombre des vues ombrées. |
|---|---|---|---|---|
| 1re | Mosquée Barkauk, détails | 1 | 11 | |
| | Mosquée Qalaoun, plan | 1 | 15 | |
| | Mosquée Hasan, porte extérieure | 1 | 24 | |
| | Mosquée Emyr Jacom, vue | 1 | 61 | 1 |
| | Maison d'habitation, vue intérieure | 1 | 46 | 1 |
| | | 5 | | 2 |
| 2e | Mosquée el azar, détails et vue | 1 | 8 | |
| | Mosquée Barkauk, plan et coupe | 1 | 9 | |
| | Casin, vue extérieure | 1 | 49 | 1 |
| | Abreuvoir, plan et coupe | 1 | 50 | |
| | Kiosque de Choubrah | 1 | 65 | 1 |
| | | 5 | | 2 |
| 3e | Mosquée Teyloun, vue et détails | 3 | 4, 5, 6 | 1 |
| | Mosquée el azar, plan et vue | 1 | 7 | |
| | Puits de la citadelle | 1 | 59 | |
| | | 5 | | 1 |
| 4e | Mosquée Teyloun, plan | 1 | 3 | |
| | Mosquée Barkauk, coupe | 1 | 10 | |
| | Idem, vue intérieure | 1 | 13 | 1 |
| | Idem, vue extérieure | 1 | 14 | 1 |
| | Mosquée Qalaoun, coupe | 1 | 17 | |
| | | 5 | | 2 |
| 5e | Mosquée Amrou, plans et vue | 2 | 1, 2 | 1 |
| | Mosquée Barkauk, intérieur | 1 | 12 | 1 |
| | Façade d'une maison | 1 | 47 | |
| | Abreuvoir, vue | 1 | 51 | 1 |
| | | 5 | | 3 |
| 6e | Bains, plans, coupes, etc. | 1 | 53 | |
| | Fontaine d'Ismaïl-bey, vue | 1 | 52 | 1 |
| | Mosquée Qalaoun, détails | 1 | 18 | |
| | Idem, détails | 1 | 19 | |
| | Idem, vue | 1 | 20 | 1 |
| | | 5 | | 2 |
| 7e | Bab-el-Fotouh, porte, vue | 1 | 57 | 1 |
| | Bab-el-Nasr, façade | 1 | 55 | |
| | Boutique d'un barbier | 1 | 54 | 1 |
| | Mosquée Hasan, plan | 1 | 21 | |
| | Idem, coupe de la salle des tombeaux | 1 | 22 | |
| | | 5 | | 2 |
| 8e | Mosquée el moyed, plan | 1 | 27 | |
| | Idem, vue intérieure | 1 | 29 | 1 |
| | Mosquée Hasan, vue extérieure | 1 | 26 | 1 |
| | Idem, vue intérieure | 1 | 25 | 1 |
| | Mosquée Qalaoun, coupe et détails | 1 | 16 | |
| | | 5 | | 3 |
| 9e | Tombeaux au nord de la ville | 1 | 63 | 1 |
| | Aqueduc, plan, coupe et vue | 1 | 58 | |
| | Bab-el-Fotouh, élévation | 1 | 56 | |
| | Maison d'habitation, plans, coupe | 1 | 45 | |
| | Okel-Zoulfigar, vue | 1 | 44 | 1 |
| | | 5 | | 2 |
| 10e | Mosquée Kady-bey, plan et vue | 1 | 32 | 1 |
| | Mosquée el moyed, vue extérieure | 1 | 31 | 1 |
| | Idem, vue intérieure | 1 | 30 | 1 |
| | Mosquée Hasan, coupes et détails | 1 | 23 | |
| | Parallèle de minarets | 1 | 37 | |
| | | 5 | | 3 |
| 11e | Mosquée en ruine | 1 | 62 | 1 |
| | Casin, plan et vue | 1 | 48 | 1 |
| | Okel-Zoulfigar, plan et coupe | 1 | 43 | |
| | Couvent, plan et coupe | 1 | 38 | |
| | Mosquée el moyed, sanctuaire | 1 | 28 | 1 |
| | | 5 | | 3 |
| 12e | Tombeaux de la famille du pacha | 1 | 64 | 1 |
| | Parallèle des minarets | 1 | 36 | |
| | Mosquée Kaïd-bey, intérieur | 1 | 35 | 1 |
| | Idem, coupe | 1 | 34 | |
| | Idem, vue | 1 | 33 | |
| | | 5 | | 2 |
| 13e | Okel Kaïd-bey, vue | 1 | 42 | 1 |
| | Couvent, vue extérieure | 1 | 41 | 1 |
| | Idem, vue intérieure | 1 | 40 | 1 |
| | Megyas | 1 | 60 | |
| | Couvent, façade et détails | 1 | 39 | |
| | | 5 | | 3 |
| 14e | Plan général de la ville du Kaire, et texte | 66 | | |

## PRIX DE LA SOUSCRIPTION.

L'ouvrage, comprenant 66 planches au trait et 30 planches ombrées, avec un texte d'environ 100 pages, sera publié en 14 livraisons, qui paraîtront de mois en mois. La première sera publiée le 15 avril 1837. Le Plan de la ville du Kaire et l'Introduction seront donnés avec la 14e livraison.

Chaque livraison demi-colombier.................................... 12 fr.

*Idem*, composée de cinq planches au trait et de deux vues coloriées........ 50 »

Les 30 planches lithographiées et ombrées par un procédé particulier formeront un ouvrage séparé qui sera publié en six livraisons.

Chaque livraison, composée de cinq planches.................................. 12 »

**On souscrit à Paris,**

CHEZ FIRMIN DIDOT FRÈRES ET Cie, LIBRAIRES-ÉDITEURS,

IMPRIMEURS DE L'INSTITUT DE FRANCE,

RUE JACOB, N° 56.

**à Marseille,**

CHEZ L'AUTEUR, RUE DE ROME, N° 21.

TYPOGRAPHIE DE FIRMIN DIDOT FRÈRES ET Cie,
RUE JACOB, N° 56.

# ARCHITECTURE
## ARABE

OU

## MONUMENTS

# DU KAIRE,

Mesurés et Dessinés, de 1818 à 1826,

PAR PASCAL COSTE.

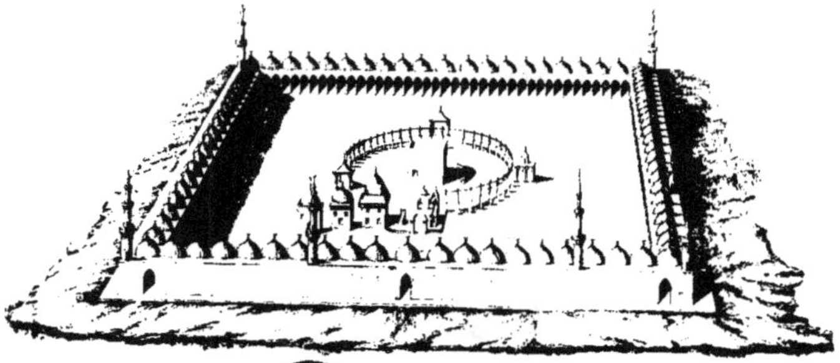



PARIS,

TYPOGRAPHIE DE FIRMIN DIDOT FRÈRES ET COMPAGNIE,

IMPRIMEURS DE L'INSTITUT DE FRANCE,

RUE JACOB, 56.

M DCCC XXXVII.

# ARCHITECTURE

# ARABE

OU

# MONUMENTS

# DU KAIRE,

Mesurés et Dessinés, de 1818 à 1825,

## PAR PASCAL COSTE.



PARIS,

TYPOGRAPHIE DE FIRMIN DIDOT FRÈRES,

IMPRIMEURS DE L'INSTITUT DE FRANCE,

RUE JACOB, 56.

M DCCC XXXIX.

# PRÉFACE.

M. P. Coste, architecte, né à Marseille, fut appelé vers la fin de 1817, par le pacha d'Égypte, pour diriger divers travaux; il fut chargé successivement de la construction des fabriques de salpêtre par évaporation établies sur les ruines de Memphis, des travaux du canal d'Alexandrie, dit Mahmoudiéh, de l'établissement des moulins à poudre dans l'île de *Raoudha*, construits sur l'emplacement occupé autrefois par le grand palais et la mosquée attenante au *meqyâs*. La ligne télégraphique d'Alexandrie au Caire, la construction de plusieurs canaux d'irrigation, des ponts, écluses, etc., dans les provinces de la basse Égypte occupèrent par la suite l'activité de M. Coste.

Les travaux utiles qu'il exécutait comme architecte lui valurent l'estime et la bienveillance du pacha et le titre d'ingénieur de ce prince, et lui assurèrent la considération et la confiance des chefs de l'administration civile et militaire.

M. Coste, ne voulant pas que son séjour en Égypte ne fût fécond en résultats que pour ce pays seulement, et désirant faire connaître à l'Europe les monuments de l'architecture arabe au Caire, demanda et obtint du pacha d'Égypte la permission de dessiner et mesurer ces chefs-d'œuvre.

Grâce à cet heureux concours de circonstances, nous aurons une lacune de moins à regretter dans le domaine des arts en Orient.

Les voyageurs que les souvenirs des anciennes destinées de l'Égypte attiraient sur les bords du Nil, ont toujours porté de préférence leurs regards investigateurs sur les monuments de l'antiquité grecque et romaine et sur ces masses imposantes qui, à défaut d'annales déchiffrables du pays, attestaient à la postérité la grandeur de l'empire des Pharaons et le haut degré d'industrie auquel il était parvenu. On s'empressait d'en décrire le nombre, d'en reproduire les traits, dans la crainte que le reste de ces monuments ne disparût sous l'action du temps, ou ne cédât au marteau des nouveaux maîtres, zélés croyants, peu enclins à s'enquérir des peuples que leur livre sacré stigmatise à chaque page des noms d'impies, d'idolâtres et de suppôts de Satan. L'esprit exclusif des musulmans et le fanatisme des masses poursuivant d'un œil jaloux toutes les fouilles des Européens, les supposant faites pour découvrir des trésors cachés, n'auraient pu voir sans inquiétude les artistes retracer les monuments consacrés à la religion mahométane. Aussi en Égypte, comme dans le reste de la Turquie, tout a été décrit et dessiné, excepté les monuments musulmans.

On a donc raison de féliciter M. Coste de ses succès et de s'applaudir des résultats qu'il a su obtenir.

# PRÉFACE.

Il existe au Caire, ville entièrement arabe, et qui est même la plus ancienne des villes mahométanes, un grand nombre d'édifices que la munificence des princes des différentes dynasties et la piété des citoyens riches ont successivement consacrés à l'utilité publique, aux besoins du commerce, à l'industrie, à la gloire de Dieu, à l'humanité souffrante et aux morts. Des habitations charmantes, qui, sous les formes les plus simples, portent l'empreinte d'un génie et d'un goût particulier à une partie considérable du genre humain; des constructions où règne cette simplicité qui enchante, pittoresques sans désordre, symétriques sans monotonie et toujours d'une exécution soignée, méritaient cependant de fixer l'attention de l'observateur. Les marbres, les pierres, les briques et les autres matériaux y ont été employés avec un art qu'on ne se lasse pas d'admirer et dont on trouve peu d'exemples ailleurs.

Les édifices en général sont bien disposés, et doivent leur éclat plutôt à l'agencement de leurs plans et à l'aspect de leur masse qu'à la profusion des ornements.

Les architectes arabes cherchaient à produire beaucoup d'effet avec les moyens les plus simples, jusque dans les plus petits détails; et comme les préceptes de leur religion leur interdisaient de transporter dans leurs édifices les figures des êtres animés, la nature a su leur fournir pour modèle d'ornements, les fleurs, dont les ingénieux entrelacs, combinés avec les inscriptions, annoncent dès le premier abord un peuple étranger au monde ancien, mais cultivant aussi les beaux-arts.

Ces observations nous ont déterminé à publier un recueil de planches représentant les principales mosquées, quelques autres édifices publics et maisons de particuliers du Caire, enfin tout ce que cette ville offre de plus grand et de plus remarquable sous le rapport de l'architecture.

Aux élévations, coupes et détails gravés au trait seulement, sont jointes des vues intérieures et extérieures pour donner une idée de l'effet pittoresque qu'elles produisent. On s'est asservi à la plus rigoureuse exactitude pour les mesures de chaque édifice.

# INTRODUCTION HISTORIQUE.

De tous les arts vers lesquels l'homme a été porté par son génie, ses penchants et ses goûts, l'architecture seule a la noble prérogative de satisfaire à ses besoins en même temps qu'elle lui ouvre un vaste champ où se déploie le sentiment du beau. A ce titre, les monuments de cet art chez les peuples qui l'ont cultivé, offrent un tableau fidèle de leurs débuts et de leur marche ultérieure dans la voie de la civilisation. Variée selon les climats, les mœurs et le caractère prédominant des peuples, enfantée chez les uns par les causes qui commandaient avant tout sa solidité, chez d'autres cultivée sous les auspices d'une religion féconde en fictions, révélant ailleurs les formes que faisait naître l'amour de l'extraordinaire et du gigantesque, en Égypte, en Grèce et à Rome, en Perse, dans l'Inde et en Chine, l'architecture a reçu et conservé l'empreinte des goûts et du génie particuliers à chacun de ces peuples, au point que les emprunts mêmes que des peuples plus modernes ont pu faire aux plus anciens, loin d'effacer le caractère local, ont été absorbés par lui.

Les peuples que nous venons de nommer ont traversé de nombreuses phases dans leur vie sociale et artistique; mais, attachés au sol par les liens de société formés antérieurement aux temps historiques, on peut suivre les pas qu'ils ont faits successivement dans les arts et surtout dans l'architecture.

En dehors de ces peuples, il en est d'autres qui, non moins anciens et non moins homogènes, dérobent d'un côté à notre connaissance une immense partie de leur histoire, et d'un autre, par suite d'événements d'une haute importance, ont tellement séparé leur état ancien de leur existence moderne, que les monuments de cette dernière époque ne peuvent plus s'y attacher ni la rappeler par aucun lien. Nous parlons ici du peuple arabe envisagé surtout sous le point de vue qui nous occupe actuellement.

Le peuple arabe est sans doute aussi ancien que tout autre peuple de la branche sémitique; son nom apparaît dès le commencement dans un des plus anciens monuments écrits de l'ancien monde; mais ses annales ne commencent qu'après l'établissement de l'islamisme, et les généalogies qu'elles nous ont conservées ne remontent guère que vers le deuxième siècle de notre ère, malgré l'opinion de quelques savants du siècle dernier qui voulaient assigner à quelques-unes de leurs poésies une époque bien plus éloignée.

D'un autre côté, le peuple arabe semble, en embrassant l'islamisme, avoir voulu rompre avec le passé pour la plupart de ses institutions et usages, de sorte que, n'ayant rien à emprunter à son ancienne existence, et l'exaltation produite par le dogme nouvellement établi lui interdisant des emprunts aux peuples qu'il méprisait et combattait, il dut se trouver, à l'époque de cette régénération religieuse et sociale, dans un isolement complet, sous le rapport de tous les arts cultivés à quelques pas de la presqu'île au delà de Suez et du golfe Persique.

Si l'on considère en outre qu'à l'époque de l'établissement de l'islamisme la culture et les traditions de l'art ancien se perdaient partout dans le monde nouveau, on sera embarrassé d'attacher à un système quelconque celui de l'architecture arabe qui surgit subitement.

On sait que depuis les temps les plus reculés les Arabes menaient une vie errante; les troupeaux constituaient toute leur richesse, et leur entretien nécessitait les changements fréquents de demeure; le mot *beït* (maison) n'exprimait autre chose qu'une tente en feutre dressée sur le penchant d'une colline, dans le voisinage d'une citerne et au centre des pâturages. Il est vrai qu'indépendamment des Arabes errants, il y eut aussi des Arabes à demeures fixes; la distinction même entre le *peuple des feutres* et le *peuple de l'argile* a passé dans la langue et remonte à une assez haute antiquité; mais ceux que cette dernière dénomination désigne, établis sur quelques points de l'Arabie et notamment sur les côtes, n'ont jamais donné à leur construction d'autre étendue que celle que nécessitait le besoin de s'abriter. Les inscriptions découvertes sur quelques débris de monuments anciens feraient même penser qu'ils devaient leur origine aux Éthiopiens qui s'étaient plusieurs fois rendus maîtres de quelques parties de l'Arabie. En un mot, l'Arabe du désert, et c'était là le véritable Arabe, remuant, actif et entreprenant déjà avant Mahomet, montrait un grand dédain pour l'Arabe des villes, et il est à présumer que sans le puissant mobile de la religion qui lança des masses guerrières hors de la presqu'île, les Arabes seraient toujours restés étrangers à tous les arts de la vie sociale, ne cultivant que la poésie, le métier des armes et leur riche langue, trois choses dont ils s'enorgueillissaient comme d'un apanage exclusif qui les distinguait de tous les peuples de l'univers. Ceci paraîtra encore plus vrai quand on se souviendra qu'à l'exception des deux temples de la Mecque et de Médine, la presqu'île n'a aucun monument d'architecture qui mérite quelque attention. Il a donc fallu arracher ce peuple à son sol natal pour qu'il pût se donner aux arts connus de ses voisins. Le peu de renseignements recueillis dans les écrivains arabes servira à l'appui de ces observations.

Les traditions anciennes, existant parmi les Arabes bien avant Mahomet, attribuaient aux *Adites* la construction de tous les édifices et monuments de quelque étendue, et le nom d'*adi* est devenu proverbial pour tout monument de haute antiquité, de proportion gigantesque, ou dont le fondateur était inconnu. Le Coran, qui ne saurait en aucun lieu être admis comme autorité historique, mais qui, pour rendre ses enseignements plus frappants, puisait à la source des traditions populaires, représente les peuples d'*Ad* et de *Themoud* comme des hommes fiers et tirant vanité de leurs constructions et de leurs édifices. C'est vers ces peuples que Dieu envoya le prophète *Houd*, chargé de leur reprocher leur endurcissement et de les avertir des châtiments du ciel contre lesquels ni les monuments gigantesques, ni les signes élevés sur chaque montagne ne seraient capables de les défendre.

Les peuples d'*Ad*, de *Themoud* et de *Tasm*, furent successivement anéantis par la colère de Dieu, et leur disparition complète devait servir d'avertissement aux habitants de la presqu'île qui leur succédèrent.

Voici, du reste, ce que dit à ce sujet *Ebn-Khaldoun* regardé comme le plus judicieux des écrivains musulmans : « Le vulgaire a continué d'appeler les édifices gigantesques de tous les « pays, monuments des *Adites*, les attribuant au peuple d'Ad; car on suppose que les édi-

« fices et les ouvrages de cette nation n'ont pu être d'une grandeur extraordinaire qu'à « raison de la taille gigantesque et des forces proportionnées à cette taille qu'on lui at- « tribue. Cela néanmoins est sans aucun fondement; en effet, nous voyons beaucoup de « monuments élevés par des hommes qui ont appartenu à des nations dont la taille nous « est parfaitement connue, et ces monuments cependant égalent et surpassent même en gran- « deur ceux qu'on attribue à ces races. Le préjugé dont nous parlons est donc uniquement fondé « sur les récits que les conteurs d'histoires se sont plu à débiter au sujet des peuples d'Ad, « de Themoud et des Amalécites.

« Ce qui en démontre la fausseté, c'est que nous voyons aujourd'hui même les demeu- « res taillées dans le roc qu'occupaient les hommes de la race de Themoud; une tradition « authentique nous assure que c'étaient là leurs maisons. La caravane du Hedjaz, (Arabie Dé- « serte) y passe, sinon tous les ans, du moins le plus ordinairement, et les pèlerins voient « ces habitations qui n'offrent soit en hauteur, soit en surface, ou en profondeur, que les di- « mensions ordinaires. »

Il résulte de ce passage et du vague même de ces détails, que les constructions dont il restait encore de traces ne sauraient nullement compter parmi les monuments d'architecture comme art; que l'opinion du vulgaire attachant une sorte de réprobation à ces restes d'édifices, ils ne pouvaient exercer aucune influence sur l'art de bâtir des Arabes, et que d'ailleurs le nom de monuments Adis pouvait s'appliquer aux constructions anciennes de l'Arabie comme à celles de l'Afrique, et répondait à la dénomination de monuments *cyclopéens* de l'antiquité classique.

En mettant donc de côté ces populations dont il ne reste plus aucune trace vivante, nous voyons dans la suite, conformément à l'opinion reçue chez les écrivains mahométans, deux races différentes se partager le sol de l'Arabie; ce sont : les Arabes proprement dits ou aborigènes, descendants de Kahtan (Ioktan de la Bible) et les Arabes étrangers qui tiraient leur origine d'Ismaël fils d'Abraham.

Les premiers fondèrent, à une époque reculée, le royaume du Iémen, où un de leurs rois nommé Saba construisit dans la contrée de Marib une digue et y conduisit soixante-dix rivières; il y bâtit la ville de Marib qu'il appela aussi de son nom Saba.

Ses descendants, connus sous le nom de Homéirites ou Himiarites, se sont rendus célèbres (nous suivons toujours les relations assez vagues des historiens arabes) par des conquêtes dans les pays très-éloignés. Scheddad, Afrikis, les trois Tobba' et la reine Belkis, qu'on dit avoir été contemporaine de Salomon, s'illustrèrent autant par les victoires au dehors que par des monuments élevés dans leur propre pays.

Une catastrophe vint tout à coup changer la face de cet empire : les digues construites dans le Marib cédèrent à l'impétuosité des torrents qui les minaient depuis longtemps, et un cataclysme général força presque tous les habitants de ce pays à chercher ailleurs des demeures plus sûres. Cet événement, connu sous le nom de *Seïl ul arim*, ou rupture des digues, forme dans l'histoire de l'Arabie une ère à laquelle on reporte la plupart des événements survenus depuis; mais l'ère elle-même ne saurait être déterminée avec certitude.

Quoi qu'il en soit, l'événement dont nous venons de parler occasionnant des émigrations des peuples de l'Arabie du sud au nord, donna naissance à plusieurs royaumes arabes établis en Syrie, et entre autres à celui de Hira.

Ces derniers, les plus puissants de tous, se reconnaissaient tributaires des rois de Perse de la dynastie des Sassanides, bien que cette souveraineté ne fût ni constante ni complète. Un de ces rois de Hira, Nòman le Borgne, contemporain de Behram Gour, fils de Jezdedjerd, s'était rendu très-puissant et avait ramassé d'énormes richesses. On lui attribue la construction de deux fameux châteaux, Khavarnak et Sehdir, auxquels les anciens poëtes arabes font de fréquentes allusions.

On raconte que Nòman, ayant appelé à son service un architecte célèbre, Sinimmar ou Sinmar, lui ordonna de construire un château à la fois solide et magnifique. Sinimmar se mit à l'œuvre et bâtit un château d'une grandeur surprenante appuyé sur une seule pierre qui formait en quelque sorte la clef de toute la construction. Une entrée pratiquée de côté, et faite de sorte qu'elle pouvait rester ignorée de tous ceux qui n'en auraient pas été spécialement instruits, conduisait à un point de l'édifice par où il pouvait être aisément remué tout entier.

Nòman, enchanté de cette ingénieuse combinaison, en récompensa largement l'architecte, qui avoua de son côté, que s'il avait pu s'attendre à une récompense aussi généreuse, il aurait construit quelque chose de plus surprenant encore; on ajoute que le roi de Hira, soit par jalousie, et pour qu'aucun autre prince ne mît à contribution les talents de l'architecte, soit par crainte que celui-ci ne vînt un jour ébranler l'édifice au moyen de cette pierre angulaire, fit précipiter l'architecte du haut de ce même château, et la *récompense de Sinimmar* passa depuis en proverbe chez les Arabes.

Dans l'histoire que nous venons de rapporter, le merveilleux domine trop pour que nous cherchions à en tirer quelque fait positif; nous ferons observer cependant que les noms de Khavarnak et de Sehdir, aussi bien que celui de Sinimmar, tiennent plutôt à la langue persane, et que le voisinage de la Perse, les rapports qui s'étaient établis entre les princes souverains et les princes tributaires, ne pouvaient être sans influence sur les Arabes de Hira, et ceux-ci, par leur communication avec ceux de Syrie et d'Arabie, se rapprochaient d'un autre côté, quoique par des liens assez faibles, de la domination romaine. Il ne serait pas, du reste, inutile d'ajouter que parmi les princes arabes, quelques-uns avaient embrassé le christianisme, et qu'ainsi les rapports avec l'empire d'Orient pouvaient ne pas être sans quelque influence éloignée sur tous ceux qui parlaient l'arabe, mais qui, ayant quitté la presqu'île, étaient par là même plus exposés à se mêler aux étrangers.

Ces observations ne sauraient cependant être applicables avec le même degré de probabilité à ces Arabes étrangers et naturalisés, descendants d'Ismaël, dont nous avons parlé plus haut, et qui en définitive ont formé plus tard le noyau de l'islamisme.

Ici nous voyons, d'après les traditions scrupuleusement transmises, surtout depuis Mahomet, un centre qui devint plus tard le foyer de la nouvelle religion, ce temple de *Kaba* qui se conserve jusqu'à nos jours, sur le même emplacement et dans la même forme, bien que les matériaux aient changé à plusieurs reprises. Son origine miraculeuse, les noms que l'antiquité y avait attachés, pour le rendre plus respectable, une certaine suite dans le récit des faits qui le concernent; tout a contribué à entourer ce monument antique du respect sans égal qu'il conserve jusqu'à ce jour dans l'opinion des Musulmans.

Autant les traditions relatives aux autres monuments arabes sont mêlées de fictions vagues et extraordinaires, autant les détails sur les destinées de ce temple, à quelques exceptions près, sont simples et s'offrent dans un certain ordre, et on ne saurait opposer à l'assurance avec laquelle ils sont présentés par les mahométans que le silence des monuments et des traditions autres que les leurs. Or donc, d'après leurs traditions, le temple de la Mecque aurait été construit par le patriarche Abraham, représentant au milieu des peuples idolâtres, le dogme de l'unité de Dieu, dogme fondamental de l'islamisme; le jour de la création du monde, les anges avaient dressé une tente, *beït-ullah*, ou maison de Dieu.

A l'époque du déluge, les anges enlevèrent ce tabernacle du sol, en le tenant toutefois perpendiculairement dans les airs, où il plane jusqu'à présent au-dessus du sanctuaire actuel. Quelques siècles après, Abraham, ne pouvant plus supporter la rivalité de ses deux femmes, Sara et Agar, emmena cette dernière, avec son fils Ismaël, en Arabie, et les laissa seuls, au milieu du désert, en proie à la fatigue et à la soif.

Le sol où s'élève aujourd'hui la Caba était une colline de terre rougeâtre. Agar parcourt les plaines et les collines d'alentour, et pendant qu'elle désespère de trouver quelques gouttes d'eau, l'ange Gabriel frappe la terre de ses ailes, et fait jaillir le puits de *Zemzem*, compris aujourd'hui dans l'enclos qui forme l'enceinte sacrée du temple. L'existence d'une source d'eau, rare bienfait dans ces contrées, attira par la suite des voyageurs qui, s'y étant fixés, fondèrent la ville de la Mecque. Abraham revint encore deux fois dans ce pays, et, par un ordre émané du ciel, s'occupa activement de la construction d'un temple, travail dans lequel il s'aidait de son fils Ismaël. Appuyé sur un socle qui conserva depuis ce temps-là le nom de Station d'Abraham (*mekam Ibrahim*), il poursuivit sans relâche son ouvrage, et donna à l'édifice neuf pieds de haut sur trente-deux de long et vingt-deux de large. La forme en était rectangulaire, de la plus grande simplicité, et telle qu'elle est encore de nos jours, quoique l'édifice ait été rebâti et restauré plusieurs fois.

Abraham plaça l'entrée du temple du côté de l'orient, mais elle était sans porte, et ce n'est que bien plus tard qu'un des rois du Yémen en fit mettre une. Enfin, vers cette même entrée du temple, Abraham pratiqua à gauche un souterrain où devaient être déposées les offrandes provenant des libéralités des hommes pieux. La construction achevée, Abraham reçut de Dieu l'ordre d'appeler les peuples de la terre à la visite de ce temple. « Comment donc, ô mon Dieu, s'écria Abraham, ma faible voix pourra-t-elle parvenir aux hommes dispersés sur toute la terre? » « C'est à toi, répondit l'Éternel, de faire l'*idhan* (l'appel à la prière), et c'est à moi de le leur faire entendre. » Par suite de cet ordre, Abraham, dit la tradition, montait sur une des collines voisines du temple, d'où il appelait les peuples d'alentour à l'adoration du Dieu unique. Cette partie de la tradition sert à expliquer le peu d'élévation du temple et l'absence de toute construction analogue aux minarets des mosquées musulmanes; et il est à remarquer qu'aujourd'hui même les minarets du temple de la Mecque sont élevés sur l'édifice qui forme l'enceinte de la Caba et non pas sur la Caba elle-même.

Ismaël, fils d'Abraham, fut le premier gardien du temple; dans la suite, il devint auteur de plusieurs tribus arabes, parmi lesquelles celle des Koureïchites a joui de la plus grande considération.

Pendant un long espace de temps, cette tribu, du sein de laquelle, quelques siècles plus tard, sortit Mahomet, partageait, avec la famille de Meghass, beau-père d'Ismaël, la souveraineté spirituelle de la Mecque. La garde des clefs de la Caba en constituait la portion la plus essentielle, même lorsque le culte primitif d'un seul Dieu dégénéra en culte des idoles; elle passa, pour un certain temps, entre les mains d'une tribu étrangère à la lignée d'Ismaël, et n'y retourna qu'environ deux siècles avant l'hégire, lorsqu'un Arabe nommé Abou Ghabehan vendit, pour une outre de vin, les clefs du temple à Coussa, descendant d'Ismaël. Les contestations occasionnées par l'ambition des différentes familles aspirant au titre de gardiens de la Caba, donnèrent naissance à des guerres qui ne cessèrent qu'à l'époque où l'apostolat de

Mahomet, déclarant une guerre acharnée au culte des idoles, rallia, dans l'intérêt de la défense commune, toutes les familles ennemies.

Quoique la souveraineté de la province de Nedjaz, dans laquelle est située la Mecque, appartint aux *rois du Yémen*, la sainteté de cette ville lui assurait cependant une certaine indépendance. Le gouvernement en était exercé par les chefs des familles arabes établies dans le voisinage, et qui formaient un sénat composé d'abord de six membres, porté ensuite à sept, et enfin à dix. Chacun de ces membres était revêtu d'une charge particulière, telle que l'intendance du puits sacré, la garde des clefs de la Caba, le soin des flèches sacrées employées dans les sortiléges, la surveillance de la tente où se tenaient les délibérations du conseil, la charge de porte-enseigne : fonctions en harmonie avec l'état de civilisation de ce peuple, et ne révélant l'existence d'aucun autre établissement religieux ou civil.

Deux siècles environ avant Mahomet, cette espèce de gouvernement aristocratique de la Mecque fut modifiée par ce même Coussa dont nous avons parlé, et qui s'empara de toute la souveraineté de la ville sainte. La forme ancienne du gouvernement fut cependant rétablie sous son quatrième successeur, et se maintint jusqu'à Mahomet.

Sans vouloir entrer dans tous les détails relatifs à l'histoire primitive de la Mecque, nous ne pouvons passer sous silence un fait qui ne manque pas d'offrir quelque intérêt.

Cinq ans avant l'apostolat de Mahomet, le temple de la Caba fut incendié par l'imprudence d'une femme qui y brûlait de l'encens; tout ce qui était en bois fut consumé, et l'édifice s'écroula entièrement quelques semaines après. Les Koureïchites s'occupèrent aussitôt à le réédifier; on résolut de lui donner plus de solidité, et d'en élever le seuil, afin qu'on ne pût pas y entrer de plain-pied; aussi, de nos jours, lorsque, aux jours fixes de l'année, les pèlerins de la Mecque désirent visiter l'intérieur du temple, on est obligé d'appliquer une échelle à la porte d'entrée.

Pendant qu'on s'occupait de réunir les matériaux convenables, on apprit qu'un navire portant des objets nécessaires à la construction d'une église chrétienne en Éthiopie, venait d'échouer sur les côtes de Djidda; on y dépêche quelques personnes, et on fait transporter ces objets à la Mecque, où les deux architectes qui se trouvaient sur le navire, l'un copte, l'autre grec, nommé Jacoum, furent également conduits.

Les travaux se poursuivirent avec activité; l'édifice nouvellement reconstruit eut dix-huit pieds de hauteur, c'est-à-dire le double de l'ancien; mais la pénurie du trésor de la communauté ne permit pas d'en reculer la largeur jusqu'au mur appelé Hatim. A l'intérieur, on plaça six colonnes de marbre, et on ménagea un escalier pour monter sur le toit du sanctuaire. Toutes les familles de la tribu des Koureïchites voulurent contribuer à l'œuvre; les quatre branches principales eurent à élever chacune un des quatre murs du temple, la forme carrée étant de rigueur pour un temple nommé cube (*caba*).

Mahomet, qui se trouvait alors à la Mecque, eut aussi sa part dans le travail; il n'était connu encore que sous le nom de *Mohammed-Émin*. L'ouvrage étant parvenu à la hauteur où devait être placée la pierre noire, objet d'une vénération particulière, chaque famille briguait l'honneur de la pose. La querelle s'engagea à ce sujet, et on allait en venir aux mains, lorsqu'un des Arabes, respecté parmi les siens, proposa de se tourner vers la porte qui regardait la colline *Safa*, et de s'en remettre à la décision du premier homme qui viendrait à se présenter de ce côté. Mohammed-Émin, qui s'était absenté quelques heures auparavant, survenant là-dessus, fut pris pour arbitre; il demanda un manteau, et après y avoir placé la pierre noire, il le fit soulever des quatre bouts par les chefs des différentes familles, et acheva le reste de sa propre main.

Nous n'avons présenté en résumé que les traditions relatives au temple de la Mecque, et qui ont rapport à notre sujet : ces traditions, explicites et détaillées dans les temps rapprochés de Mahomet, défectueuses et mêlées de merveilleux pour les époques plus éloignées, se rattachent d'un côté, comme la plupart des traditions musulmanes, aux faits consignés dans la Bible ; d'un autre côté, elles portent l'empreinte de l'esprit unitaire islamique sous l'empire duquel elles étaient rédigées.

Il en résulte cependant ce fait, que le temple de la Caba doit son origine, sinon à Abraham, représentant le dogme de l'unité de Dieu chez tous les peuples sémitiques, du moins à un personnage revêtu d'un caractère de sainteté, qu'il était le centre du culte religieux des populations qui, ainsi que les Hébreux, loin de multiplier les temples, n'en admettaient qu'un seul pour toute la nation. Cela tenait-il à l'essence du culte unitaire, ou bien au genre de vie nomade de ces peuples? c'est ce que nous ne chercherons pas à examiner ici; nous observerons cependant, que cette manière d'envisager le temple de la Caba se conserva parmi les Arabes retombés (selon les musulmans) dans le paganisme, et passa même dans l'islamisme, car les mosquées, loin d'être les maisons de Dieu, ne sont que des enceintes destinées à réunir les fidèles durant la prière dans une direction simultanée vers la *kibla* (point de convergence), qui est la *Caba* honorée exclusivement du nom de la maison de Dieu.

Ce caractère de sainteté de la *Caba* pouvait déterminer l'absence de temples sur d'autres points du sol arabe, parmi les populations qui n'étaient ni chrétiennes ni juives, et c'est le contraire de ce que nous voyons chez les autres peuples polythéistes, où toute agglomération d'individus de quelque importance tenait à avoir un temple consacré à une divinité nationale ou locale.

Nous lisons, à la vérité, dans un écrivain arabe, auteur de *Sirat-er reçoul* (Vie du prophète) que quelques familles arabes avaient des temples desservis par elles, et autour desquels on faisait des tours comme dans la Caba; mais le silence, ou le peu d'attention de tant d'autres auteurs sur ce sujet, prouverait que ce n'étaient que des tentes ou des chapelles de peu d'importance servant d'abris à quelque idole tutélaire d'une famille. Si l'établissement et le grand nombre des temples ont successivement enfanté partout la construction des édifices d'utilité publique ou de maisons particulières, on ne sera pas étonné de voir les Arabes si peu avancés dans l'art de bâtir. Un fait consigné dans l'histoire sert à corroborer en quelque sorte cette incompatibilité d'existence de la Caba et d'autres temples.

Dans l'année de la naissance de Mahomet, Abraha, prince abyssin, régnant dans le Yémen, fit construire à Sanaa, capitale de cette province, un temple magnifique surpassant en beauté et en richesse tous les édifices connus des Arabes, et il voulut en faire le but de leurs pèlerinages. Un Arabe, dont l'histoire a conservé le nom, étant entré un jour dans ce temple, le souilla d'immondices, ce qui irrita tellement Abraha, qu'il résolut à l'instant de venger sur la Caba cette marque de mépris.

Il se mit donc en marche contre la Mecque à la tête d'une nombreuse armée, mais en s'approchant de la ville sainte, l'éléphant blanc qu'il montait se prosterna à plusieurs reprises en signe d'adoration, et ne voulut plus avancer; en même temps, une nuée d'oiseaux nommés *ababils*, et envoyés par le ciel, fit pleuvoir sur l'armée des agresseurs une pluie de pierres qui en tua un grand nombre. Abraha renonça à ses projets téméraires; le temple de Sanaa fut abandonné, et celui de la Mecque conserva seul son ancienne importance. L'année où cet événement eut lieu, nommée l'année de l'éléphant, formait chez les Arabes une ère jusqu'à l'institution de celle de l'hégire.

Nous pouvons résumer, en peu de mots, les observations qui nous ont occupés jusqu'ici : le sol de l'Arabie et le genre de vie de ses peuples étaient peu propres aux développements des constructions sur beaucoup de points. Les populations qui l'habitaient avant les Arabes, dont l'histoire nous a conservé quelques faits, ont laissé des traces de leur existence, mais à une époque si éloignée, qu'on ne saurait les apprécier.

Le midi et l'est de l'Arabie reconnaissaient la souveraineté de la Perse et subissaient, à un certain point, son influence. Au nord, quelques principautés arabes chrétiennes, tour à tour soumises et rebelles aux empereurs romains et aux monarques de la Perse, n'étaient point tout à fait étrangères au luxe et aux arts des contrées voisines. A l'ouest, les conquêtes des princes abyssins ont laissé quelques traces de leur passage. Au centre, les populations arabes indépendantes, conservant leur nationalité dans toute sa vigueur, remuantes et actives, étaient le moins portées à emprunter quoi que ce fût aux étrangers. Ce fut du sein de ces contrées que s'élancèrent ces valeureux champions de l'islamisme qui, en peu de temps, opérèrent une transformation complète dans tous les pays où ils portèrent leur glaive et le code de leur législateur.

Nous ne nous proposons pas de suivre pas à pas le développement de la religion musulmane; ce serait dérouler l'histoire de plusieurs siècles, et entrer dans des détails étrangers à notre sujet. Nous nous contenterons d'en marquer les principaux événements, qui, à cause de leur importance, ont dû laisser quelques traces dans les arts du peuple arabe.

Mahomet (Mohammed), législateur arabe, envoyé de Dieu et le sceau des prophètes, naquit à la Mecque en 570 de notre ère, dans l'année de l'éléphant, comme nous l'avons dit plus haut. Il était issu de la famille de Hachem, qui faisait partie de la grande tribu des Koreïchites, renommée par sa puissance, et dont le dialecte était regardé comme le plus pur parmi ceux des autres tribus. Mahomet eut pour père Abdallah, qui mourut dans un voyage à Médine, lorsque son fils n'avait que deux mois. Amina, femme d'Abdallah, veilla à l'éducation de son fils, dont l'enfance fut pareille à celle des autres enfants des Arabes.

Les historiens plus récents ont entouré de récits merveilleux les premières années d'un homme qui, depuis, changea les institutions et les destinées de son peuple. Selon eux, Mahomet serait venu au monde circoncis, et ayant le cordon ombilical détaché; l'écroulement du palais de Cosroès, l'extinction subite du feu dans les pirées des mages, et autres prodiges, auraient marqué la nuit de la naissance de Mahomet; et quand celui-ci jouait un jour parmi les enfants du voisinage, l'ange Gabriel lui aurait fendu la poitrine, lavé et purifié le cœur. A huit ans, Mahomet se trouva, avec son oncle Abbas, dans la ville de Bosra, où un moine nestorien nommé Bohaïra, et qui doit être le même que le Sergius des historiens grecs, aurait prédit de grandes destinées à cet enfant, en recommandant à son oncle de le prémunir contre les artifices des Juifs. C'est la seule trace, d'après les auteurs musulmans, du contact de Mahomet avec un personnage que les chrétiens regardent comme le guide et l'inspirateur de l'apôtre arabe.

Le jeune Mahomet se distingua, à l'âge de quatorze ans, dans une expédition de sa tribu contre le Benou-Havazin. Quelque temps après, une veuve riche de la tribu des Koreïchites, nommée Khadidja, ayant entendu parler de la probité et de l'intelligence de Mahomet, lui proposa d'entreprendre un voyage dans l'intérêt de son commerce; comme la plupart des Koreïchites, elle faisait un commerce considérable avec la Syrie.

Les succès obtenus par Mahomet dans sa mission et sa conduite irréprochable lui valurent, à son retour, l'approbation de Khadidja; elle lui offrit même sa main. Mahomet lui apporta, à titre de présent nuptial, vingt jeunes chamelles. Il n'avait alors que vingt-cinq ans, Khadidja en avait quarante.

Nous avons déjà dit plus haut comment Mahomet avait participé à la reconstruction du temple de la Mecque : son caractère de justice et son jugement lui avaient déjà concilié quelque considération parmi ses concitoyens. Il avait un grand amour de la solitude, et se retirait chaque année sur la montagne Harra, située dans le territoire de la Mecque.

Un jour qu'il s'y était retiré selon son habitude, il crut voir l'ange Gabriel qui lui ordonna d'abord de réciter ces mots : « Au nom de Dieu qui a créé l'homme du sang coagulé. » Puis il alla au milieu de la montagne et crut entendre une voix qui lui disait : « O Mohammed, tu es l'apôtre de Dieu, et moi, je suis Gabriel. » Cette vision décida de sa future destinée. Rentré chez lui, il en fit part à Khadidja qui ne douta pas un seul instant de l'apostolat de son mari; elle embrassa la première les dogmes tout à fait nouveaux pour les Arabes idolâtres.

Ali, fils d'Abou Taleb, lié à Mahomet, autant par les liens du sang que par une affection particulière, en raison des bienfaits qu'il en avait reçus, fut le second.

Incertain du succès que pouvaient avoir ses prédications, Mahomet se contenta de se concilier en secret quelques adeptes à sa nouvelle foi, et ce n'est que trois ans après sa vision qu'il fit un appel ouvert aux Arabes, les engageant à abandonner le culte des idoles. Il fut d'abord l'objet de sarcasmes au sein même de la famille de Hachem; les railleries se changèrent bientôt en une opposition violente, au point qu'une partie de ses adhérents fut obligée de sortir de la Mecque et de se réfugier en Abyssinie.

Mahomet se retira avec une partie de la famille Hachem dans une gorge de montagne; environ trois ans après, il revint à la Mecque où il trouva les Koreïchites plus hostiles que jamais. Il quitta alors sa ville natale et se réfugia à Médine où il avait déjà de nombreux amis. Cette fuite, qui eut lieu treize ans deux mois et huit jours depuis son apostolat, devint l'ère des mahométans, connue sous le nom de l'*hégire*, qui veut dire fuite, émigration.

Mais ce n'est que sous le califat d'Omar qu'elle fut établie pour la première fois. Jusque-là, les Arabes comptaient leurs années d'après les *journées* ou *combats* livrés entre les différentes tribus, ou d'après quelque événement plus ou moins important de la presqu'île. Les inconvénients du manque de fixité dans la chronologie, qui devenaient plus graves à mesure que les relations sociales prenaient plus de développements parmi les Arabes, frappèrent l'esprit organisateur d'Omar; il ordonna qu'on s'informât des procédés des Persans à cet égard. C'est d'après les renseignements puisés à cette source qu'on établit une ère fixe, en prenant pour point de départ la fuite de Mahomet de la Mecque. Cette circonstance prouve que les Arabes subissaient nécessairement l'influence des peuples plus policés dans tout ce qui ne choquait pas leurs dogmes.

Sorti de la Mecque, Mahomet pensa avant tout à entretenir le zèle religieux des prosélytes, qui, voulant partager son sort, quittèrent leurs foyers. Il construisit une mosquée à Coba, bourg éloigné de deux milles de Médine et situé dans une plaine très-fertile. Ce temple est appelé dans le Coran, temple de la Piété. L'état précaire où se trouvait alors Mahomet, ferait supposer que cet oratoire ne pouvait avoir aucune importance comme bâtiment, si les historiens ne nous apprenaient pas que cette nouvelle construction servait également de mosquée et de maison à Mahomet, et que plusieurs cellules habitées par les femmes attenaient au lieu où se rassemblaient les musulmans pour faire la prière.

Sous le califat de l'un des Ommiades, les cellules furent démolies, et on élargit l'emplacement du temple. Les cérémonies de la prière n'étaient pas encore fixées irrévocablement; la direction ou *kibla* n'était pas déterminée; on se tournait tantôt vers Jérusalem, tantôt vers la Mecque. Mahomet y attachait lui-même peu d'importance : il disait que l'orient et l'occident appartenant à Dieu, il importait peu de quel côté on se tournerait en priant. Cependant lorsqu'il reçut dans une de ses courses à travers le pays la révélation du verset qui prescrivait la direction vers le temple de la Caba, et que la nouvelle de cette révélation fut portée à Coba, le peuple, qui était alors dans la mosquée, se tourna aussitôt du côté de la Mecque.

Mahomet s'empressa d'initier les populations voisines au nouveau culte, et il jetait partout où il passait les fondements de quelque mosquée. C'est encore dans la seconde année de l'hégire que fut institué l'appel à la prière, *izan* ou *edhan*, par suite d'un songe qu'avait eu Abdallah, un des compagnons de Mahomet, et qu'il communiqua à celui-ci (1).

Mahomet ne pouvait rester longtemps sur la défensive. Les Koreïchites se soulevaient pour la défense de leur ancien culte, et le conflit devint bientôt inévitable. La bataille de Bedr, qui eut lieu dans la seconde année de l'hégire, fut toute à l'avantage de Mahomet, quoiqu'il eût à lutter contre des forces trois fois plus considérables. Ce succès, comme on devait s'y attendre, augmenta le nombre des prosélytes, et de simple apôtre éleva Mahomet au rang de chef et de gouvernant, et quelques défaites éprouvées dans la suite ne purent plus changer l'état généralement prospère de ses affaires. Dans la sixième année de l'hégire, il conclut avec les Koreïchites un traité de paix pour dix ans, et profita de cette trêve pour combattre les juifs de Khaïber, qu'il soumit entièrement après un siége de quelques jours. L'année suivante il écrivit des lettres à plusieurs princes, tels que le roi de Perse, l'empereur grec, le roi d'Abyssinie, et les princes arabes chrétiens, en les invitant à embrasser l'islamisme; mais cet appel, écouté par les uns avec une bienveillance simulée, rejeté par d'autres avec mépris, n'eut aucun résultat immédiat, bien que les historiens mahométans parlent de marques non équivoques de la considération que l'empereur grec et le roi d'Abyssinie auraient témoignée dans cette circonstance à Mahomet. Ils citent également quelques chefs tributaires de la Perse comme ayant embrassé l'islamisme sur la simple notification que leur fit Mahomet de son apostolat.

Mais il lui importait avant tout de se rendre maître de la Mecque et de se placer ainsi au centre des forces des infidèles. La violation du pacte conclu pour dix ans par les Koreïchites hâta ce moment. A l'aide des intelligences pratiquées dans cette ville, Mahomet entra dans la ville sainte dans la huitième année de l'hégire, presque sans coup férir, la conquête de la Mecque n'ayant coûté la vie qu'à deux musulmans et à vingt-quatre Koreïchites idolâtres. La douceur de son caractère ainsi que sa politique ne lui conseillaient pas de sévir contre les habitants. « Comment pensez-vous, leur demanda-t-il, que je me conduirai à votre égard ? — Avec bonté, répondirent-ils : tu es un frère et un neveu généreux. — Allez donc, vous êtes libres, » fut la réponse de Mahomet : et il se contenta de prononcer la proscription contre six hommes et quatre femmes.

Entré dans la ville, Mahomet se rendit aussitôt vers la Caba, et ayant fait sept fois le tour du temple, il se mit à renverser avec un bâton crochu les statues et les idoles rangées soit autour, soit dans l'intérieur du temple, parmi lesquelles, disent les historiens, on voyait des figures d'anges, l'arbre, Abraham ami de Dieu tenant les flèches du sort, et la vierge Marie tenant sur ses genoux Jésus le Messie. Cette dernière figure était sculptée sur une des colonnes qui soutiennent l'intérieur de l'édifice. La destruction des emblèmes du culte païen accomplie, Mahomet ordonna à son crieur *Belal* d'annoncer la prière du haut de la Caba, au grand dépit des ido-

(1) Voici les paroles de l'*izan* : *Dieu est grand, Dieu est grand, Dieu est grand. J'atteste qu'il n'y a point de dieu que Dieu, j'atteste qu'il n'y a point de dieu que Dieu, j'atteste qu'il n'y a point de dieu que Dieu. J'atteste que Mahomet est l'apôtre de Dieu, j'atteste que Mahomet est l'apôtre de Dieu. Venez à la prière, venez à la prière, venez au temple de salut, venez au temple de salut. Dieu est grand, Dieu est grand, il n'y a point de dieu que Dieu.*

L'izan se fait cinq fois par jour, à cinq heures canoniques, savoir : une heure et demie avant le lever du soleil, à midi, à l'heure où le soleil s'incline sur l'horizon, ce qui varie selon les saisons; au coucher du soleil, et enfin dans la nuit, une heure et demie après la prière précédente. Dans l'izan de l'aube du jour, on ajoute, après les mots *Venez au temple de salut*, ces mots : « *La prière vaut mieux que le sommeil, la prière vaut mieux que le sommeil.* » Rien de plus simple, du reste, que l'office divin des musulmans. L'*imam* récite seul les prières à haute voix; le peuple les répète après lui à voix basse, et ne prononce à haute voix que le mot *âmin*, amen, à la fin de la prière.

lâtres, qui, ne pouvant plus lutter contre l'établissement du nouveau culte, maudissaient leur vie, ou félicitaient leurs parents morts de ne point entendre les braiments du *moueddin* (1).

La conquête de la Mecque, suivie de la soumission des tribus d'alentour contre lesquelles Mahomet envoya des détachements de troupes, couronna plusieurs années d'efforts, non pas que les Arabes se fussent ralliés franchement à l'islamisme, et qu'il n'y eût plus dans la presqu'île d'ennemis à combattre; mais les périls ne pouvaient plus venir de ce côté, et quant aux plus éloignés, l'islamisme fut bientôt en mesure de les anéantir en allant au-devant d'eux.

Mahomet qui n'avait, à la bataille de Bedr, que 313 combattants, parmi lesquels seulement deux cavaliers, entra à la Mecque à la tête de dix mille hommes. Peu de temps après, dans une expédition contre les troupes de l'empereur grec, il en eut trente mille, dont dix mille cavaliers. Ce simple rapprochement fait voir dans quelle proportion augmentaient les forces de l'islamisme, et quel avenir était réservé à ces masses qu'enflammait le plus ardent des fanatismes.

La propagation de la nouvelle foi au delà de l'Arabie était réservée à d'autres qu'à Mahomet; il mourut à Médine, dans la onzième année de l'hégire (632 de J. C.) sans avoir nommé son successeur.

Abou-bekr, qui lui succéda avec le titre de lieutenant de l'apôtre de Dieu, gouverna pendant deux ans, et eut pour successeur Omar, un des hommes les plus éminents parmi les Arabes.

Ici commence la série de ces guerres qui, en peu d'années, rendirent les Arabes maitres des plus belles contrées de l'Asie et de l'Afrique. En l'an 13 de l'hégire (634 de J. C.), les musulmans prirent Damas. En l'an 14, Omar fonda la ville de Bassora, à l'embouchure des eaux du Tigre et de l'Euphrate, ville qui devint dans la suite une source de richesses pour le commerce arabe. En l'an 15, Émesse, Laodicée, Alep, Antioche, Naplous, Jaffa et Jérusalem, tombent l'une après l'autre au pouvoir des Arabes, conduits par les généraux d'Omar, qui, siégeant à Médine et s'occupant avec un zèle infatigable de l'organisation de l'empire, suit, dirige, approuve ou modifie les opérations de ses lieutenants dans ces contrées éloignées. Cette même année (15 de l'hégire) est marquée par un grand événement; la bataille livrée à Kadesia, dans l'Irak, décide du sort de la monarchie persane. L'armée du dernier des Cosroès est défaite, et les légions victorieuses s'avancent rapidement vers Madaïn, alors capitale de la Perse, où la grandeur de la ville, les magnifiques édifices, le luxe des appartements frappent pour la première fois les yeux de ces guerriers encore à moitié sauvages. Les trésors immenses, les ornements de tous genres, tout ce qui faisait l'objet des entretiens nocturnes des habitants des tentes, tombent maintenant entre les mains des disciples du Coran, qui leur avait appris à en mépriser la valeur.

Vers cette époque, Omar élevait la ville de Coufa, et assignait aux chefs un traitement annuel proportionné aux services et au degré d'intimité dont chacun d'eux avait joui auprès de Mahomet. En l'an 20 de l'hégire (640 de J. C.), l'Égypte fut conquise par *Amr-ben-al-As*, qui, dans l'année suivante, érigea une mosquée à l'endroit même où bivouaquaient ses troupes. Cet endroit, nommé *al fostat* ou camp, devint, dans la suite, le nom d'une ville nommée *Mesr* ou Égypte, appelée improprement par les Européens le vieux Caire (2).

La mosquée que bâtit *Amr-ben-al-As* est le premier monument d'architecture arabe remarquable et qui soit susceptible d'appréciation.

C'est de cette époque que date le canal d'Égypte, conduisant du Nil à la mer Rouge, et appelé canal du chef des croyants, parce qu'Omar l'a fait nettoyer et recreuser pour faciliter l'approvi-

(1) Muezzin ou *moueddin*, crieur de la mosquée.

(2) Le nom du vieux Caire est impropre, dans ce sens, que le nom de Caire est celui d'une ville qui n'a été fondée qu'au quatrième siècle de l'hégire. On serait dans le vrai si l'on appelait le Caire le nouveau *Mesr*.

sionnement des provinces d'Arabie qui souffraient souvent de la disette. Ce canal, ouvrage, à ce qu'il paraît, des anciens Égyptiens, fut refait et restauré par les empereurs Trajan et Adrien, et par plusieurs autres princes depuis Omar. Les eaux du Nil déposant beaucoup de limon, il a fallu d'une époque à l'autre procéder à son nettoyage.

Sans s'arrêter à la conquête de l'Égypte, Amr-ben-al-As se dirigea vers Alexandrie, dont il s'empara; il se tourna ensuite vers Barka, qui eut le même sort, et il alla jusqu'à Tripoli. D'un autre côté, Aderbaïdjan, le Tabarestan, Kazwin et autres villes de la Perse, reconnaissent l'empire du Coran, et avant la trentième année de l'hégire, les contrées éloignées de l'orient et de l'occident, le Khorassan et Herat, l'Afrikia et les côtes d'Espagne, soumises ou ravagées, se résignent à subir le joug de ce géant qui, dès sa naissance, étreint le monde ancien de ses bras vigoureux.

La faiblesse du calife Osman qui succéda à Omar, et la guerre civile qui éclata durant le califat d'Ali, ne compromirent en rien l'action de l'islamisme à l'extérieur; et pendant que dans la presqu'île le succès des armes était journalier entre les diverses fractions de Koreïchites, dans le reste du monde l'islamisme marchait uni et indivisible, combattant tout ce qui n'était pas lui, et s'avançant sans se ralentir par les catastrophes qui déplaçaient le pouvoir suprême et le transféraient d'une famille à une autre.

La mort d'Ali, arrivée en l'an 40 de l'hégire (660 de J. C.), ferme tout cet espace de temps écoulé depuis le moment où l'apostolat de Mahomet devint une puissance armée empreinte d'un caractère particulier, et qui se résume avec tant de force dans Omar. Les quatre premiers califes ou lieutenants du Prophète sont distingués du nom de califes légitimes. Pénétrés du plus pur enthousiasme religieux, ils étaient plutôt *imams*, pontifes, que monarques, faisant réciter la prière aux croyants, leur prêchant la guerre sainte et l'observation du Coran.

Sans affecter aucune distinction, sans prétendre à aucun droit exclusif, simples dans leurs mœurs, dans leurs vêtements et dans leurs relations, ils ne s'armaient du pouvoir inhérent à leur caractère que contre les ennemis ou les transgresseurs de la loi.

Ils imitaient sous ce rapport la conduite de Mahomet: « La pauvreté est ma gloire; » avait-il coutume de dire, et il supportait avec patience la fatigue et la faim, passait des semaines entières sans autre nourriture que des dattes ou le lait de vache qu'il trayait souvent lui-même. Il parlait avec douceur aux hommes de toute condition, sans jamais quitter le premier son interlocuteur ni retirer le premier sa main à celui qui la prenait en le saluant. Ali allait chercher lui-même au marché les légumes pour les besoins de sa famille, et répondait à ceux qui lui faisaient des observations à ce sujet, que c'était le devoir d'un père de famille. Rien ne saurait approcher de la modestie et de l'humilité d'Omar, homme d'ailleurs violent et inexorable, quand il s'agissait d'exécuter la loi, ou de maintenir l'empire des préceptes du Coran. On l'a vu plusieurs fois, avant l'institution des gardiens de nuit, veiller à la sûreté des habitants de Médine ou des étrangers qui y arrivaient.

Un jour, lorsque, monté sur l'estrade, il prêchait la guerre sainte au peuple, un Arabe l'interrompit en disant qu'il ne lui obéirait pas, et que les musulmans ne devaient pas lui obéir. *Et pourquoi cela?* demanda Omar. — *Parce que*, répondit cet homme, *tu t'es distingué des autres musulmans dans un certain cas.* — *Dans quel cas?* demanda Omar. — *Lorsque tu as partagé entre les musulmans les toiles rayées du Iemen, chacun en a eu une pièce, et tu en as eu de même une seule pour ta part; tu es d'une grande taille, et la pièce ne pouvait te suffire; cependant nous te voyons un habit complet.* Omar se retourna alors vers son fils Abdallah et lui dit : *Réponds à cet homme.* Abdallah se leva et dit : *Lorsque le chef des croyants* (c'était le titre qu'Omar prit le premier entre les califes) *a voulu se faire faire un habit de sa pièce de toile, elle se trouva insuffisante; en consé-*

*quence je lui ai donné de la mienne de quoi compléter sa robe.* — *A la bonne heure*, dit alors cet homme, *à présent nous t'obéirons.* Nous allons rapporter quelques autres traits de cette simplicité dont sont empreintes les premières années de l'islamisme, et qui ne sont pas sans application pour le sujet qui nous occupe.

Lorsque, après la bataille de Kadesia, les Arabes se dirigèrent vers Madaïn, les couronnes, les bracelets, les colliers d'or et autres objets d'un grand prix tombèrent entre les mains du général en chef, qui partagea le tout entre ses soldats conformément aux dispositions du Coran. Parmi ces objets se trouva un tapis long de soixante aunes, d'un tissu magnifique, représentant un jardin dont les fleurs étaient imitées par des pierres précieuses enlacées dans le tissu. Le général en chef se doutant de la valeur du butin, l'envoya à Omar, en exprimant le vœu que l'objet fût vendu au plus offrant et qu'on en partageât la valeur suivant la loi. Omar n'en tint aucun compte et fit diviser le riche tapis en morceaux pour le distribuer en parties égales. Une portion qui échut à Ali fut vendue par celui-ci vingt mille drachmes.

On voit par là combien Omar était peu accessible à l'influence de tout ce qui tenait au luxe étranger; et s'il n'était pas prouvé que la célèbre bibliothèque d'Alexandrie n'existait plus à l'époque de l'invasion arabe, on n'aurait pas la moindre objection à faire valoir contre l'incendie de tant de trésors intellectuels.

Ce qui ne pouvait plus se faire à Alexandrie pour la bibliothèque des Ptolémées, eut lieu par ses ordres en Perse, où tous les livres et monuments littéraires des adorateurs du feu étaient brûlés ou jetés dans l'eau. Lorsque, après la conquête de l'Égypte, Amr-ben-al-As, faisant construire la mosquée, y élevait aussi une chaire à prêcher, Omar lui écrivit sur-le-champ : « *On vient de me rapporter que tu as élevé une estrade (mimber) : tu veux donc t'élever au-dessus des têtes des musulmans? veux-tu donc être debout tandis que les musulmans seront à tes pieds? Aussitôt que tu auras reçu cette lettre, brise la chaire.* » et la chaire fut brisée. Une autre fois Amr-ben-al-As, qui s'était fait construire en face de la nouvelle mosquée une maison, annonça au calife qu'il avait l'intention d'en construire une aussi pour lui. *Moi, homme du Hedjàz*, lui écrivit Omar, *que ferai-je d'une maison à Mesr? fais plutôt de l'emplacement acheté un marché pour les musulmans.*

Un des musulmans venus en Égypte avait fait construire dans sa maison une galerie. Omar, l'ayant appris, écrivit aussitôt à Amr-ben-al-As : *On vient de me rapporter que Kharidja fils de Khozafa a fait construire une galerie : apparemment il veut voir ce qui se passe chez ses voisins* (1); *il faut qu'il l'abatte.*

Les traits que nous venons de rapporter donnent une idée de ce que pouvait être à cette époque la société musulmane, et prouvent que les monuments d'architecture de ce temps-là étaient empreints de la plus grande simplicité.

On doit cependant remarquer qu'Omar n'était point ennemi absolu des constructions; mais il se préoccupait avant tout de ce qui était urgent et immédiatement utile. Rien n'égale la sollicitude avec laquelle il faisait construire les conduits d'eau à Médine : sa tendresse toute paternelle pour les habitants du Hedjàz se peint dans ses lettres et dans ses ordres relatifs au canal d'Égypte qu'il fit recreuser pour tirer de ce grenier de l'Orient la subsistance nécessaire pour l'Arabie.

En élevant une mosquée, on avait d'abord en vue la *Kibla*, ou la manière de l'orienter par rapport à la Caba, puis on s'occupait de lui donner une étendue proportionnée au nombre des troupes réunies sur les lieux, qui formaient alors la première et l'essentielle population du pays nouvellement conquis. La chaire ou l'estrade (*mimber*) était réservée à des mosquées où

(1) L'expression de l'original est plus énergique. Ces détails sont tirés d'un manuscrit arabe de la bibliothèque du roi, 652.

prêchait le calife lieutenant du prophète. Les quatre califes se sont fait un devoir en quelque sorte de descendre, chacun, d'un gradin plus bas que son prédécesseur.

Parmi les monuments de l'époque que nous venons de parcourir, nous n'avons à citer que la mosquée d'Amr-ben-al-As, qui, malgré les nombreux changements qu'elle a subis, résume le caractère de l'architecture arabe de la première période.

L'époque qui commence après la mort d'Ali, amènera bientôt des changements dans toute la société, et influera aussi sur l'architecture.

Ce fut Moawia, l'un des compagnons de Mahomet, qui, en dépit des vrais musulmans, parvint, par sa conduite également prudente et astucieuse, à s'emparer du pouvoir suprême. Le gouvernement de Syrie qu'il avait su conserver pendant une longue suite d'années, lui donna les moyens de gagner les soldats et les principaux chefs; et lorsque le fer d'un assassin, en frappant Ali, l'eut délivré du seul ennemi qu'il eût encore à redouter, Moawia se trouva en possession du califat, que le faible Hasan, fils d'Ali, n'osa plus lui disputer. Moawia fonda alors un gouvernement régulier, et commença la dynastie des Ommiades (ou Omaïiades), qui régna pendant plus de soixante-dix années sur tout le monde musulman d'alors, sauf la domination passagère de quelques princes hachemites en Arabie. Les conquêtes faites sous ses prédécesseurs se consolidèrent ou s'étendirent.

En l'an 47 de l'hégire eut lieu la première expédition contre Constantinople. En l'an 50, Okba-ben-Nafe bâtit en Afrique, sur l'emplacement occupé par une forêt qu'il fit couper, la ville de Kairowan, pour tenir dans l'obéissance les populations nouvellement converties à l'islamisme, et qui apostasiaient chaque fois que les troupes s'éloignaient.

Moawia mourut en laissant l'empire constitué et jouissant déjà d'une certaine organisation, à son fils Jezid, dont le règne de quatre ans, passé au sein des plaisirs et de la débauche, lui fit donner le nom de libertin (*el fadjir*). Ses deux successeurs, Moawia II et Merwan, fils de Hakem, furent obligés de combattre un prétendant redoutable dans la personne de Zobeïr, qui, attaqué à la Mecque par Heddjadj, démolit le temple endommagé par les machines de guerre, en éleva un nouveau, et fit entrer la pierre noire dans l'intérieur du temple. Mais Heddjadj, personnage célèbre par ses cruautés, et qui, selon les calculs faits dans la suite, avait fait mourir plus de cent mille individus, démolit entièrement les constructions de la Caba, lui donna la forme qu'elle avait du temps de Mahomet, et replaça la pierre noire à l'extérieur du temple, à l'endroit où, après quelques vicissitudes éprouvées plus tard, elle se trouve de nos jours.

Le cinquième prince ommiade, Abd-al-Melik, se trouva en possession pleine et entière de l'empire musulman. En l'an 83 de l'hégire, la ville de Waset fut construite, et de toutes parts les villes se peuplèrent et s'élargirent. Mais aucun des princes ommiades n'eut autant de goût pour la construction d'édifices que Welid. A la Mecque, à Fostat, à Médine, on bâtissait, on élargissait les édifices anciens. Welid fit démolir à Médine l'ancienne mosquée fondée par Mahomet dans la deuxième année de l'hégire, qui renfermait dans son enceinte les cellules pour les femmes du prophète.

L'espace occupé par la nouvelle mosquée, construite d'après les ordres de Welid, embrassait également l'emplacement de la mosquée et des chambres.

Sous le règne de ce même prince, le Khorassan et le pays de Sind d'un côté, d'un autre l'Andalousie, furent ou envahis ou réduits; et c'est encore lui qui fit bâtir la célèbre mosquée de Damas sur l'emplacement occupé par l'église de Saint-Jean, que les chrétiens avaient conservée jusqu'à cette époque, parce que la partie de la ville où elle était située s'était rendue la première pendant le siége de Damas. Elle était pavée en marbre, et les chapiteaux des colonnes furent dorés ainsi que le mihrab; les parois des murs furent incrustées de pierres imitant les pierres précieuses, et l'intérieur du dôme fut en totalité couvert d'inscriptions en lettres d'or tracées avec un art et une netteté admirables. On ajoute que le calife fit placer au-dessus du toit de la mosquée une couverture de plomb parfaitement construite, et où les eaux parvenaient au moyen de tuyaux de plomb, en sorte que, lorsqu'on avait besoin de laver la mosquée, on débouchait ces tuyaux et on inondait le pavé du temple avec toute la facilité possible.

La construction de cette mosquée coûta à Welid une somme égale à deux années du revenu de toute la Syrie (1). Un autre auteur évalue la somme dépensée à la construction de cet édifice à quatre cents bourses, chacune de onze cent mille miskals d'or.

Sans vouloir chercher quel est le rapport entre ces deux évaluations, nous dirons que la mosquée de Damas ne fut pas seulement le plus bel édifice que les Arabes aient construit jusque-là, mais que dans le onzième siècle de notre ère on la regardait comme une des merveilles du monde.

Le calife Welid eut pour successeur son frère Soliman, dont le règne fut marqué par la soumission complète du Tabarestan et du Khorassan, et qui ordonna de construire le grand nilomètre ou *mekias*, dans l'île de Raoudah, le nilomètre ancien, attribué à Amr-ben-al-As et réparé parce qu'il ne pouvait plus servir.

Ce même Soliman avait résolu une expédition contre Constantinople; il avait juré de ne point abandonner le siége avant que la ville fût prise. Sa mort, causée par un excès de table, qui paraît avoir été le vice héréditaire des Ommiades, fit échouer cette fois encore les tentatives des Arabes pour s'emparer de la capitale des Césars.

Les sept successeurs de Soliman, au nombre desquels il y eut des princes recommandables par les plus belles qualités, régnaient sur tout l'empire musulman avec assez de bonheur et d'éclat. Les révoltes partielles de quelques membres de la même famille, ou les soulèvements tentés par les descendants d'Ali, ne menacèrent jamais sérieusement la fortune de la dynastie des Ommiades; mais le règne de Merwan vit surgir un orage qui en peu de temps s'accrut tellement, qu'il amena un changement important dans les destinées de l'empire arabe.

Indépendamment de la ligne directe issue de Mahomet par sa fille Fatima, épouse d'Aly, il y avait une ligne collatérale descendant d'Abbas, oncle du Prophète. Les Alides avaient des adhérents en Arabie et dans l'Irak arabique, mais ils ne purent jamais s'étendre au delà de ces pays, où la surveillance des Ommiades était à même d'anéantir leurs projets. Les Abbassides, au contraire, travaillaient dans l'ombre et dans les pays les plus éloignés. Un des personnages les plus éminents de cette époque, Abou-Moslem, gouverneur du Khorassan, était dévoué aux Abbassides, et leur avait concilié un parti puissant et nombreux.

En l'an 129 de l'hégire, les menées d'Abou-Moslem et sa correspondance avec Ibrahim, l'un des Abbassides, éveillèrent les inquiétudes des Ommiades; ils cherchèrent à détourner la tempête; mais la guerre ouverte ne servit qu'à hâter leur ruine. Une bataille perdue contre les partisans des Abbassides décida du sort du califat.

Aboul-abbas Abdallah, surnommé *El-Saffah*, fut déclaré calife. Il poursuivit sans relâche tous les membres de la famille des Ommiades et fit mettre à mort tous ceux qui tombèrent entre ses mains.

En Syrie, en Égypte, dans les contrées les plus éloignées de l'Asie et de l'Afrique, il ne resta plus un rejeton de la dynastie naguère si puissante, ni un individu qui osât se décla-

(1) *Voyez* Edrisi, trad. de M. Jaubert, p. 352.

rer pour eux. Un seul Ommiade, Abd-er-rahman, parvint à se sauver en Espagne, où, reçu à bras ouverts par les musulmans déjà établis antérieurement dans la Péninsule, il fonda une dynastie qui régna avec tant d'éclat sur les plus belles contrées de l'Europe méridionale, et qui exerça une double influence sur leurs destinées par le danger de son voisinage et par un haut degré de civilisation et d'amour des beaux-arts, à une époque où l'Europe était encore plongée dans la barbarie.

Nous avons déjà fait observer que la société arabe avait subi, à la mort d'Ali et à l'avénement de Moawia, une modification notable, et que sa simplicité primitive devait bientôt céder au luxe, résultat inévitable de l'agrandissement de l'empire et du développement des rapports sociaux. Le fondateur de la dynastie des Ommiades, Moawia, n'avait aucun titre au pontificat, et par conséquent au gouvernement. Il dut chercher ailleurs un point d'appui pour son pouvoir naissant.

Jamais il n'a été considéré par les musulmans comme un croyant orthodoxe; plusieurs actes de son règne, dictés par la politique, étaient hautement blâmés des mahométans, parmi lesquels se trouvaient encore tant de témoins vivants du zèle religieux des premiers califes; il jouissait même de si peu de confiance, que toutes les traditions relatives à Mahomet émanées de lui ou entendues de sa bouche, sont regardées, encore aujourd'hui, comme de nulle valeur. Il s'en souciait peu du reste; et tandis que ses prédécesseurs se mêlaient à la foule des musulmans avec confiance, lui, Moawia, commença à s'isoler, à gouverner de loin, s'entourant d'une escorte de cinq cents hommes et faisant porter devant lui des lances et des pieux.

Le commandeur des croyants eut dès lors une cour, et le palais des Ommiades retentissait, au grand scandale des pieux musulmans, des accents des esclaves qui, par leurs chants et leurs danses, dissipaient les soucis de la royauté.

Pour cette époque nous n'avons à citer que la célèbre mosquée de Damas, et point de constructions remarquables en Égypte; car les nécessités de position des princes des différentes dynasties exercèrent leur influence sur l'architecture elle-même.

Les premiers califes aimaient surtout le séjour de l'Arabie. Le Hedjâz, et surtout Médine, occupaient la première place dans les affections d'Omar. Ali, sa famille et les Hachemites aimaient la Mecque ou Coufa.

Moawia avait conquis le pouvoir avec l'assistance des troupes de Syrie, et c'est à Damas, en Syrie, que les Ommiades établirent le siége de leur empire.

Sans perdre entièrement de vue les autres parties de l'empire, ils se plurent à embellir et à faire prospérer des pays où ils trouvaient plus de sympathies et d'appui. C'est ce que nous voyons dès l'avénement au pouvoir des Abbassides.

Le premier Abbasside s'établit d'abord à Hira; son successeur habite Ambar, ensuite Coufa, où il fait bâtir une résidence. Mais le voisinage des sectaires turbulents lui fit bientôt quitter ce séjour et lui inspira l'idée de construire une ville nouvelle. Bagdad doit son origine et sa splendeur successive à des causes semblables à celles que nous avons indiquées tout à l'heure.

Ce serait un travail du plus grand intérêt pour l'histoire de l'architecture que la reproduction par le dessin des monuments musulmans de différentes époques et en différents pays de l'Orient, depuis l'Espagne jusque dans l'Inde. Alors on pourrait apprécier jusqu'à quel point les monuments antéislamiques ont influé sur l'art de bâtir des musulmans, et on saurait si l'art arabe avait quelque chose d'original qui pouvait subsister en lui-même et se maintenir en tout lieu.

Dès l'année 132, Abou-Djafar-al-Mansour, deuxième calife de la maison des Abbassides, indépendamment des soins qu'il prenait pour l'élargissement de l'enceinte de la Caba, temple où chaque prince se faisait un devoir de laisser quelque trace de son zèle et de sa magnificence, fit construire dans trois différentes contrées, en Afrique, dans l'Inde et en Perse, des villes appelées de son nom, Mansouria. Il s'occupa activement de la construction de Bagdad, il inspectait les travaux en personne et payait lui-même les travailleurs; son économie, dictée sans doute par le désir de multiplier autant que possible les constructions de toute espèce, était telle qu'il retranchait une portion de la paye journalière à tout ouvrier venu trop tard ou qui n'avait pas travaillé toute la journée.

Ayant formé le projet de démolir les superbes édifices de Madaïn, ancienne capitale des Sassanides, pour en transporter les matériaux à sa nouvelle résidence, il consulta à ce sujet Khaled, fils de Barmek, père de l'illustre famille des Barmekides et issue de la race des Sassanides. Khaled cherchait à détourner le calife de sa résolution en lui représentant les difficultés et les dépenses énormes qu'entrainerait la démolition d'édifices construits avec autant de solidité. Mansour attribua ces remontrances au désir qu'aurait Khaled de ménager les monuments élevés par les princes dont il était issu et donna des ordres pour la démolition du palais des Cosroës, mais les résultats ne répondaient pas aux efforts des démolisseurs ni aux dépenses qu'ils entraînaient.

Le calife fit part à Khaled de ses embarras et du projet de renoncer à la démolition. *Gardez-vous*, lui dit Khaled, *de le faire, afin qu'on ne dise pas qu'un prince aussi puissant n'a pas été en état de démolir ce qu'avaient construit les rois de Perse et les idolâtres.* C'est le premier conseil du Barmekide que l'on suivit.

Mais cette habitude de dépouiller les monuments anciens, en faveur des nouveaux, fut pratiquée à toutes les époques que nous allons parcourir, et non-seulement sur les édifices de l'antiquité païenne ou chrétienne, mais même sur les constructions musulmanes. C'est ainsi que ce même calife Al-Mansour faisait enlever les portes de la ville de Waset, bâtie sous les Ommiades, pour les transporter à Bagdad. On trouvera la cause de ces dépouillements successifs, non-seulement dans des considérations d'économie, mais encore dans le caractère des mœurs, des institutions, et dans l'état politique de toute la société musulmane.

Un prince élevé au trône par des succès rapides, enrichi par ses conquêtes, désirait laisser après lui quelque monument plus durable que l'établissement même de sa famille. Dominé par le sentiment des vicissitudes qui poursuit à chaque instant les dynasties orientales, chacun se hâtait de terminer lui-même les édifices projetés. Aussi voit-on avec étonnement des constructions d'une étendue immense et d'une grande solidité projetées, commencées et terminées dans l'espace de deux ou trois ans.

Mahdi, qui succéda à Abou-Djafar-al-Mansour comme calife, fit construire des auberges sur la route de Bagdad à la Mecque; il restaura des colonnes milliaires et des abreuvoirs pour la commodité des caravanes; il ordonna aussi de réduire dans tout l'empire les chaires à prêcher dans les mosquées à la hauteur de celle du prophète, à Médine, qu'il élargit ainsi que la mosquée de la Mecque.

Une carrière, plus brillante encore pour la civilisation et les arts, s'ouvrit à l'avénement de Haroun-ar-Rachid au califat (en 170 de l'hégire). Son règne, où la puissante famille des Barmekides dirigea avec éclat toutes les affaires de l'empire pendant dix-sept ans, effaça les caractères de simplicité primitive des Arabes. Le luxe, la pompe, la magnificence des anciens monarques persans, s'introduisirent facilement à l'aide de la générosité des Barmekides, et les descendants de Haroun-ar-Rachid ne songèrent qu'à l'entretenir par goût et par intérêt politique.

Amin, son fils, aimait passionnément la musique et les arts. Dans ses promenades sur le Tigre il avait cinq bateaux richement décorés et représentant un lion, un éléphant, un serpent, un aigle et un cheval.

Le règne de son frère et successeur Mamoun fut l'époque où la société arabe prit un immense développement intellectuel. Les controverses religieuses auxquelles le calife lui-même prit une part active, poussèrent les esprits vers les recherches et l'étude des auteurs de l'antiquité classique, et la protection accordée aux hommes qui se consacraient aux sciences exactes, rendit en peu de temps le peuple arabe le plus instruit et le plus civilisé du monde d'alors.

Ce calife avait beaucoup de prédilection pour les descendants du prophète, et il abandonna la couleur noire, qui était celle des Abbassides, pour adopter le vert, affecté par les Alides. Il désigna même pour son successeur un des descendants du prophète; mais le mécontentement qui éclata à ce sujet parmi la famille des Abbassides, alors déjà très-nombreuse, lui fit renoncer à son projet, et l'empire resta définitivement dans la famille de l'oncle du prophète.

Les califes n'avaient point d'insignes de royauté tels que nous les voyons chez d'autres peuples. Le manteau du prophète, son bâton et son anneau de fer, où étaient gravés ces mots : *Mohammed, apôtre de Dieu*, tel était l'appareil des califes comme pontifes.

Le dixième calife abbasside, Motewakkel, fit construire à Bagdad un palais somptueux nommé Djafari, où il transporta sa résidence, en quittant celui qui était nommé Samirra. Ce fut lui qui restaura le nilomètre de l'île de Raoudha en Égypte.

L'époque brillante et prospère des Abbassides semble se terminer peu de temps après. A l'époque où le douzième de cette race, Mostain Billah, fut tué par son frère Motazz Billah, les califes avaient l'habitude de tenir à leur solde des Turcs, qui formaient leur garde et dont les chefs, parvenus à un certain degré de puissance, disposaient à leur gré du pouvoir et de la vie de leurs maîtres. Le premier événement de ce genre eut lieu sous le calife Motazz.

Par défaut d'ordre dans les finances, la milice, n'ayant pas été payée pendant un certain temps, elle se précipita au palais du calife et lui fit éprouver mille insultes et mille mauvais traitements. Le calife promit de leur payer en peu de temps cinquante mille pièces d'or, mais, n'ayant pas pu les obtenir de sa mère qui s'emparait de tout, et cachait soigneusement tous les trésors, les mutins reviennent à la charge, et, se voyant trompés, mettent à mort le calife.

Peu de temps après, on apprit que sa mère avait caché un million de pièces d'or, une caisse d'émeraudes, une autre remplie de rubis et une troisième de perles d'une grande valeur.

Nous ne rappelons ces détails que pour faire voir la décadence rapide du pouvoir des califes, qui ne se releva plus, et le goût des princes orientaux pour amonceler les pierres précieuses (1).

Le pouvoir fort et uni de Haroun-ar-Rachid et de Mamoun s'affaiblissait rapidement entre les mains de leurs successeurs, et tandis qu'en Espagne les Ommiades régnaient pour leur propre compte avec tant d'éclat, et que Abderrahman élevait la superbe mosquée de Cordoue (en 170 de l'hégire), dans l'Afrique occidentale se formait la puissance des Edrisites, qui descendaient du calife Ali.

Un des gouverneurs de l'Afrikia (province d'Afrique), Aglab, jeta, en 184 de l'hégire, les fondements de la puissance des Aglabites qui, trente ans plus tard, envahirent la Sicile. Durant leur

1 Les historiens nous ont conservé beaucoup de détails sur les richesses, les trésors des califes, bien que quelques-uns d'entre eux n'eussent pas une pièce de monnaie à leur disposition. En l'an 305 de l'hégire, Moktader reçut une ambassade de l'empereur d'Orient. L'armée, rangée en ordre, comptait cent soixante mille hommes; sept mille esclaves avec sept cents chambellans formaient une autre haie. Sur le Tigre, on voyait des bateaux décorés avec une pompe extraordinaire. Le palais du calife brillait de trente-huit mille rideaux, parmi lesquels un tiers était en soie brodée d'or. Vingt-deux mille tapis couvraient les abords et les planchers. On produisit ensuite cent lions entretenus à la cour; mais, entre tant de merveilles, on remarquait surtout un arbre fait d'or et d'argent, de dix-huit branches aux feuilles d'or, avec des oiseaux d'or et d'argent. Par un mécanisme ingénieux, ces oiseaux, au moyen d'un mouvement de ressort, se mouvaient et chantaient.

règne à Palerme ils construisaient des mosquées dans les capitales des rois de Sicile et fondaient en Afrique la ville Raccada (en l'an 262). A l'autre extrémité de l'empire arabe, Jakoub-ben-Leith envahissait le Kerman, le Farsistan avec sa capitale Chiraz, et fondait la dynastie des Soffarides, qui, se reconnaissant d'abord vassale des Abbassides, n'envoya bientôt plus pour toute reconnaissance de la suzeraineté, que dix faucons blancs et cent *man* de musc.

Jusqu'ici tous les envahissements sur le pouvoir des califes provenaient des chefs de race arabe; bientôt on vit des chefs de race persane ou turque s'arroger le pouvoir et l'empire dans les contrées plus éloignées du siége du califat.

En l'an 261, les Samanides formèrent un empire dans le Khorassan et la Transoxiane qui ne devait céder qu'à celui des Gaznevides. C'est dans ces mêmes années qu'Ahmed-ben-Touloun, d'abord gouverneur de l'Égypte, s'érigea en maître de ce pays, toléré et appuyé secrètement par le calife Motamed. Maudit dans les prières publiques par son frère Mowaffek qui exerçait la véritable autorité, il parcourut rapidement l'Égypte et la Syrie, dont il soumit tout le littoral et fonda la citadelle de Jaffa.

C'est à cet Ahmed-ben-Touloun que le Caire doit la mosquée qui porte son nom, le premier Morestan ou l'hôpital, la restauration de beaucoup de monuments, et l'impulsion que son exemple et son goût pour les constructions donnèrent aux individus riches de ce pays.

Son fils Khamarouïeh hérita des goûts de son père, et on dit qu'en mourant il laissa dix millions de pièces d'or, sept cents chevaux, sept mille esclaves et trente-trois enfants. Malgré une postérité aussi nombreuse, les Toulounides ne se maintinrent pas au pouvoir au delà de l'année 293, et l'Égypte semblait revenir sous la domination des Abbassides.

Jusqu'ici tous les gouverneurs de provinces qui se soustrayaient au pouvoir temporel des califes afin de tirer des pays administrés les richesses pour leurs propres familles, se reconnaissaient néanmoins les vassaux, et dans les correspondances avec leurs califes, s'intitulaient leurs esclaves, ou affranchis, ou agents, ou amis.

Les Alides de l'Irak et de l'Arabie avaient perdu tout espoir de succès depuis les persécutions de Motevakkel.

La fin du III$^{e}$ siècle de l'hégire vit éclore une nouvelle secte qui s'attaqua aux droits spirituels des Abbassides et introduisit même beaucoup de changements dans la religion musulmane.

Cette secte, connue sous le nom de Carmates, devint redoutable pendant quelque temps aux Abbassides. Elle s'empara de la Mecque; mais les profanations qu'elle y exerça, les ravages qui marquèrent partout son passage finirent par diriger contre elle tous les efforts des musulmans attachés à leur religion.

Mais tous ces malheurs furent moins sensibles que l'apparition d'une nouvelle dynastie que tous les efforts des Abbassides ne purent étouffer. C'était la famille des Fatimites. On sait que le calife Ali avait épousé Fatima, fille de Mahomet. Un homme se disant issu de cette famille et nommé Obeïdallah, désespérant du succès de toute tentative en Syrie et en Égypte, dirigea ses efforts vers l'Afrique occidentale, et parvint à se former un parti dans les contrées soumises directement aux Aglabites.

Aussitôt que la nouvelle de ses menées parvint aux oreilles des Abbassides, ils firent tout pour s'emparer de sa personne, et cherchèrent en même temps à persuader aux musulmans que celui qui se donnait pour descendant d'Ali, n'était qu'un juif et un imposteur. Obeïdallah, après quelques années d'existence périlleuse, se vit, grâce au dévouement d'Abou-Abdallah, en possession de l'empire des Aglabites et des Benou-Modar qui régnaient à Sedjelmes, et fit en 297 de l'hégire une entrée solennelle à Rakada, naguère capitale des Aglabites, où il prit le titre de Mahdi, (dirigé par Dieu), prince des croyants.

Ce fut le premier prince de la dynastie des Fatimites; il entreprit aussitôt des expéditions en Égypte, mais ses premières tentatives ne furent point heureuses; en l'an 303 de l'hégire il fonda la ville appelée de son nom Mahdia, dont on voit encore des ruines imposantes (1). Mahdi mourut en 322. Son fils Kaïm-bi-amri-llah lui succéda à Mahdia. L'année suivante, il envoya une flotte sur les côtes d'Italie et ravagea Gênes et la Sardaigne. Deux ans plus tard, il soumit la Sicile, qui se révolta par suite de la tyrannie de ses gouverneurs. Il mourut en 334, pendant que son fils sauvait par des victoires remportées sur une secte hérétique, les destinées ultérieures des Fatimites.

Moezz-li-din-illah, ayant succédé à son père Mansour, étendit ses conquêtes jusqu'aux contrées les plus éloignées de l'Afrique occidentale, grâce aux talents militaires et au dévouement de Djauhar, son esclave, qu'il nomma général en chef de ses armées et dont il fit dans la suite son vizir.

La conquête de l'Égypte, tant de fois tentée en vain, eut lieu, en 358, par les mouvements rapides de ce même Djauhar qui, profitant des incertitudes des Égyptiens après la mort du gouverneur établi par les Abbassides, s'avança vers Fostat et y entra sans opposition.

Il y fit lire dans les mosquées d'Amrou et dans celle de Touloun la prière au nom de son maître, et substitua dans l'*Idhan* aux mots : « *Venez à la prière*, » cette formule distinctive des descendants d'Ali : « *Venez à la meilleure des œuvres.* » Bientôt après il jeta les fondements d'une nouvelle ville qu'il appela *Al Kahira* ou la ville victorieuse, nom qui lui parut de bon augure, parce que les astrologues que son maître ne manqua pas de consulter, en tirant l'horoscope de la ville qu'il allait fonder trouvèrent que le moment de sa fondation coïncidait avec le lever de la planète Mars, appelée *Al-Kaher*. Djauhar fonda aussi cette mosquée célèbre connue sous le nom *d'Al-Azhar*, ou la mosquée brillante.

Le calife entra en 362 au Caire, après avoir quitté son ancienne capitale Mahdia. On dit qu'il mit à peu près une année à y transporter le mobilier de ses palais, et que les trésors qu'il emportait de Mahdia étaient si considérables qu'il fut obligé de faire fondre les pièces de monnaies d'or en forme de meules pour les charger à dos de chameaux.

L'établissement de la dynastie des Fatimites dans la capitale de l'Égypte lui ouvrit une nouvelle ère sous le rapport de l'architecture. Jusqu'ici l'Égypte était gouvernée par les lieutenants envoyés par les califes de Damas ou de Bagdad; et quelle que fût leur sollicitude pour les habitants de cette contrée, d'où ils tiraient une grande partie de leur revenu, elle n'allait pas jusqu'à la bâtir ou l'embellir au préjudice de leurs propres résidences. Les puissants empires qui s'étaient formés dans l'islamisme avaient une existence à part, et, sous le rapport de l'art, ils subissaient l'influence des anciens peuples de l'Asie ou de l'Afrique.

L'Égypte, couverte de ses innombrables monuments, et qui formait une contrée à part, devait avoir un caractère particulier. Aussi bientôt après l'établissement des Fatimites au Caire, on s'aperçoit d'un développement rapide dans les constructions de toute espèce.

Le sixième calife fatimite, Hakem-bi-amri-llah, un des personnages les plus extraordinaires qu'ait produits l'Orient, succéda à son père Aziz-billah en 386. N'étant encore âgé que de onze ans, il fit son entrée solennelle au Caire accompagné de sa cour. On portait devant lui sur un chameau le corps de son père renfermé dans une litière couverte. L'habillement du prince consistait en une robe d'une couleur noire; son turban était orné de pierreries; il tenait une lance à la main et portait son épée suspendue à son cou. Il était suivi par toute sa cour. Étant arrivé

(1) *Voyez*, au sujet de Mahdia, Shaw, *Voyage en Barbarie.*

au palais avant la prière du coucher du soleil, il s'occupa aussitôt des funérailles de son père et le fit inhumer.

Le lendemain toute la cour se rendit de grand matin au palais ; on avait dressé pour Hakem un trône d'or sur lequel était un coussin relevé de dorure dans le grand portique. Le nouveau calife sortit de son palais monté sur un cheval orné de pierreries. Le peuple en foule était debout devant lui, et tout le cortége, marchant à pied devant le prince, le conduisit ainsi jusqu'à son trône où il s'assit. Alors tous ceux qui composaient le cortége prirent leurs places et se tinrent debout ou s'assirent conformément au cérémonial et suivant les prérogatives attachées au rang de chacun.

Son règne, qui dura jusqu'à l'année 411 de l'hégire, est une suite de faits extraordinaires enfantés par la bizarrerie de son caractère, qui allait souvent jusqu'à la folie, par la cruauté, quoique par intervalles il donnât des preuves d'un jugement sain et plein de justice et d'humilité. Une foule d'édits vexatoires, la prétention de se faire regarder pour dieu (dogme devenu depuis fondamental de la religion des Druses), les défenses contre l'usage de tels mots, les distinctions établies entre les habitants de diverses religions, et les persécutions exercées contre les chrétiens, les changements les plus subits dans la manière de vivre ou de s'habiller ; tout se suit continuellement dans sa vie, sans autre explication que sa volonté ou son humeur. On le voyait tantôt, entouré de son cortége, traverser la ville en pompe, tantôt monté sur un âne, en vêtement blanc de la plus grande simplicité, courir les rues sans escorte et commettre sur ceux qu'il rencontrait, des actes d'une cruauté inouïe; tantôt il se promenait pendant la nuit, et alors les habitants étalaient toutes leurs richesses et rivalisaient de luxe dans leurs illuminations; tantôt il restait enfermé chez lui dans des ténèbres continuelles, et ensuite il n'avait d'autre lumière pendant plusieurs jours que celle des bougies et des lampes. Un jour il fit mettre le feu au Caire, et un grand nombre de bâtiments fut consumé. Cette action n'empêcha point de regarder Hakem comme celui qui a contribué à orner le Caire de beaucoup d'édifices; il fit construire les mosquées Rachidèh, celle de Maks et celle de Hakem, sans compter tous les embellissements faits avec profusion et avec art dans son palais. Il y avait fait construire un grand bassin qui se remplissait d'eau au moyen de machines hydrauliques. Ce bassin était entouré d'un pavé de marbres de différentes couleurs où étaient représentés des oiseaux de toute espèce, ce qui lui donnait l'aspect d'un riche tapis. Dans un mur voisin de ce bassin il fit placer une longue pièce de bois très-mince qui s'avançait hors du mur et dont l'extrémité donnait à plomb sur le bord du bassin. Hakem s'en servait quelquefois pour faire tomber et périr dans l'eau ceux qui, par l'appât d'une récompense, s'étaient avancés à l'extrémité de cette pièce de bois.

Nous ne rapporterons pas toutes les extravagances de ce prince que le peuple redouta constamment et qui ne succomba que sous les intrigues de sa sœur Sitt-al-Moulk.

La dynastie des Fatimites eut encore huit princes après Hakem, et régna ainsi pendant à peu près deux siècles sur l'Égypte.

Quoique la puissance de ces califes fût renversée et que tout rentrât sous l'autorité spirituelle des Abbassides, qui végétaient à Bagdad, le Caire n'en demeura pas moins le siége des dynasties puissantes qui se succédèrent depuis 567 jusqu'à la conquête de l'Égypte par Sélim I$^{er}$, sultan ottoman.

Il serait trop long de suivre toutes les vicissitudes du gouvernement dans l'Égypte. Car, indépendamment du changement de dynasties, les membres d'une même famille s'armaient les uns contre les autres, et les chefs de troupes n'attendaient qu'un moment favorable pour se substituer à leurs maîtres. Nous nous bornerons à dire que les croisades survenant à l'époque postérieure, l'étude des monuments de l'Égypte ne peut pas être indifférente aux observations que l'on doit faire sur l'architecture des pays méridionaux de l'Europe.

Ce fut Salah-Eddin-Joussouf, si connu dans nos historiens sous le nom de Saladin, fondateur de la dynastie des Aïoubites, qui renversa la dynastie des Fatimites. Le Caire, ses environs ainsi qu'Alexandrie lui doivent une foule de monuments ou d'améliorations, telles que la construction de la citadelle, du puits de cette citadelle, de la muraille autour du Caire, du collége fondé auprès du tombeau de l'imam Chafei, et autres ouvrages qu'il avait confiés à l'activité de Karakouch, gouverneur du Caire, ainsi qu'à Karadja, gouverneur d'Alexandrie.

La succession de ces dynasties donnait naissance, à chaque période, à des palais où la vanité des princes cherchait à surpasser leurs devanciers. Les audiences données aux étrangers, les solennités ou les jugements rendus par les sultans se faisaient avec une grande pompe. On construisait de vastes salles avec des portiques soutenus par des colonnes, où le prince sur son trône, ses ministres, les officiers de sa cour, les savants et les hommes de toutes les conditions prenaient place chacun suivant son rang.

Cette disposition des palais, inconnue dans les pays de l'Europe, était, ainsi que sembleraient l'indiquer les restes des anciens monuments aujourd'hui ruinés, particulière à la cour des monarques persans; beaucoup de mots arabes relatifs à cette architecture de luxe sont empruntés évidemment à la langue persane, et il est à remarquer que lorsque les poëtes veulent décrire la solidité, la magnificence, la grandeur des édifices, des portiques ou des salles d'audience, la cour et les portiques des Cosroës sont toujours cités comme modèles et comme termes de comparaison.

Le faste qui s'introduisit en Égypte, et en particulier au Caire, sous les dynasties indépendantes, ne se manifestait pas seulement par le coup d'œil imposant des audiences, il se manifestait encore sur leurs tables, non pas tant par le choix des mets et le luxe des apprêts, que par la variété, la profusion et le cérémonial avec lequel on les servait; les restes de ces tables dressées à l'occasion de quelque solennité fournissaient des vivres à une grande quantité de personnes de conditions moins élevées.

Un autre genre de constructions, qui ne pouvait exister dans les premiers temps de l'islamisme, résulta du progrès de la société musulmane; ce furent les colléges, où l'on enseignait la théologie, la jurisprudence et la médecine, et les bibliothèques, où tous les princes abbassides ou fatimites, aïoubites et mameluks, se faisaient un devoir et une gloire de se réunir. Comme tout l'islamisme avait une seule langue savante, l'arabe, comme il prenait son point de départ d'un seul livre, le Coran, aussitôt que des institutions nouvelles, surgissant sur un point occupé par les mahométans, se propageaient sur tous les autres points en conservant leur analogie en Égypte, en Syrie, à Damas, à Bagdad, à Hispahan, à Cordoue, à l'extrémité de l'Afrique et sur les bords de l'Oxus, elles recevaient les modifications qui tiennent à la diversité du climat ou à d'autres causes particulières.

Le sultan Nedjm-ed-din, successeur de Melek-el-Kamel, en 635 de l'hégire, après avoir tout réglé en Égypte et fait la paix avec les Francs, forma une nombreuse milice de jeunes esclaves (mameluks) circassiens et turcs. Cette milice, ainsi que cela avait déjà eu lieu à la cour des califes abbassides, devint bientôt puissante. Ses chefs s'emparèrent de l'autorité suprême en Égypte et mirent fin à la dynastie des Aïoubites. Un des princes mameluks, le sultan Bibars, se distingua d'abord par les nombreuses constructions dont il dota l'Égypte et le Caire. La réédification de Damiette, le resserrement du canal de cette ville, la construction des murailles d'Alexandrie, du phare de cette ville, de celui de Rosette, d'immenses greniers, de la mosquée *Athar-en-nebi*, l'excavation du puits minéral d'eau chaude de Taneh, village situé sur la rive gauche du Nil à la branche de Damiette, la réparation de la mosquée Al-azhar, des ponts d'*Almenaddjeh* et *el Sabaa*, de la grande tour de la citadelle qui tombait en ruine; le curage à fond du canal d'Alexandrie auquel il donna plus de profondeur; la fondation des colléges et des mosquées au Caire et à Damas, ont tour à tour occupé ses soins. Ses succès à la guerre lui fournissaient les fonds nécessaires à tant de dépenses.

L'avénement de Kalaoun au trône en 682, et la succession de sa famille, furent pour le Caire une époque féconde en plus beaux et plus grands monuments. Mais c'est surtout le goût de son fils Melek-en-Nacer pour les constructions, qui leur imprima une grande impulsion. Il semblait, disent les historiens, qu'on eût fait proclamer l'ordre de bâtir : émirs, gens de guerre, commis de bureaux, simples habitants à Misr (Fostat) et au Caire, construisaient à l'envi.

C'est ce prince qui fit dresser en 715 de l'hégire, un cadastre de toutes les possessions territoriales de l'Égypte, cadastre connu chez les écrivains arabes qui ont écrit sur l'Égypte, sous le nom de *Cadastre nacerien*.

A la dynastie des mameluks succéda celle des Circassiens, parmi lesquels les sultans Barkouk et Kaïtbaï ont doté le Caire de quelques édifices remarquables.

Nous n'ajouterons plus rien à ce que nous avons dit du luxe de ces princes. Ce qui doit surtout frapper l'attention, c'est le degré de magnificence et de perfection auquel la décoration des édifices était parvenue à la fin du VII^e^ siècle de l'hégire, qui correspond au XIII^e^ siècle de notre ère.

Ce luxe n'était pas seulement arrivé à un haut degré dans les édifices et dans l'intérieur des maisons, il s'était même introduit à l'armée dans les vêtements militaires, au point que le sultan Kalaoun fut obligé de réformer le costume de ses soldats, en leur défendant de tresser leurs cheveux et de les envelopper dans des bourses de soie, en interdisant de porter des ceintures de brocart, des manches étroites, des bottes dont les retroussis s'élevaient jusqu'au-dessus du genou, de soutenir leurs armes par des boucles d'or, dont le poids était d'une livre et demie.

Cet aperçu historique, trop court pour une si longue suite d'années, et trop long peut-être pour l'objet spécial de cet ouvrage, puisque les monuments du Caire seuls y sont représentés, nous a paru cependant nécessaire pour montrer les relations des Arabes avec le monde ancien, et leurs rapports avec la plupart des peuples d'Europe, et les changements que les conquérants de presque tout l'Orient devaient subir de la part des peuples auxquels ils imposèrent d'abord la loi de Mahomet.

Nous n'avons fait qu'indiquer les deux grandes époques de leur existence, celle où l'islamisme attaqua le premier les autres peuples et celle où il fut obligé de se défendre contre l'élite de l'Europe accourue sous le signe de la croix, pour venger les injures reçues et les profanations des lieux consacrés au culte chrétien.

Ce contact avec les peuples de l'Europe ne pouvait pas rester sans résultats, et quelle que soit la part qu'on assignera à l'attachement des chrétiens à leurs dogmes religieux, la supériorité des musulmans à cette époque dans les arts et dans les sciences, n'en exerça pas moins son influence par cette supériorité qui sut imposer ses lois aux chrétiens du moyen âge, comme elle les impose de nos jours, dans une direction inverse, aux musulmans de l'Égypte et de Constantinople.

Ne considérant ici que l'architecture, nous dirons que, lorsque l'Occident, devenu presque barbare et divisé en une infinité de petits États, n'avait plus pour se diriger qu'une faible lueur des traditions des Grecs et des Romains, on élevait des édifices où les voûtes à plein cintre, les ordres d'architecture avaient conservé, il est vrai, un caractère de l'art antique des Romains, mais les combles élevés avaient défiguré, par l'introduction des pignons et des pontons hauts et pointus, le type de l'architecture romaine. Les colonnes étaient lourdes et massives, afin de supporter ou le poids des voûtes mal construites ou l'énorme charpente des toits. La sculpture imitait aussi, en figures lourdes et bizarres, la décadence de la sculpture romaine que le goût des artistes du Nord avait déjà défigurée.

Lorsque les croisés pénétrèrent en Orient, combien ils durent être frappés par cet éclat des ornements, par l'élégance et la recherche dans la construction des édifices, dans les meubles, dans les vêtements et les autres objets destinés aux divers usages!

Les rapports établis entre les peuples de l'Orient et de l'Occident firent bientôt éprouver à ceux-ci non-seulement le plaisir, mais le besoin du luxe et de la richesse dans leurs habitations particulières comme dans leurs édifices publics.

Le long séjour qu'ils avaient fait dans ces pays avait aussi changé leurs habitudes, et les différentes restaurations qu'ils faisaient aux églises de la Palestine dévastées par les guerres, les habituaient au style oriental.

Les monuments qu'ils y construisirent sont autant de preuves qui nous portent à croire qu'à leur retour dans leur pays, les Francs bâtirent d'après la manière à laquelle ils s'étaient accoutumés. Il n'est donc pas étonnant que dans les édifices faits en France on trouve le même système que dans les édifices arabes.

Il est constant qu'à cette époque, certaines confréries qui se chargeaient de bâtir les édifices, propagèrent en France et dans tout le Nord ce qu'on appelle le *gothique*, qui n'était autre que la manière arabe. Nous ne sommes pas éloigné de croire que quelques-uns des chefs de ces corporations des *frères bâtisseurs* avaient suivi les croisés de la Palestine et de l'Égypte, et formé une corporation pour bâtir les monuments sacrés, à l'exemple de la corporation des frères hospitaliers de Saint-Jean de Jérusalem et d'une infinité d'autres.

La quantité d'églises et de couvents qui s'élevèrent presque simultanément après le retour des croisés est une forte présomption pour croire que l'activité et l'empressement que les princes musulmans mettaient à bâtir des mosquées, des colléges, des hôpitaux, avaient exercé une grande influence sur l'état de l'architecture en Occident.

Ce qu'il y a de remarquable dans la façade de la mosquée et de la salle du tombeau de *Kalaoun*, données dans cet ouvrage, c'est son aspect général et sa ressemblance avec la construction extérieure de nos églises gothiques. De longues arcades servant de contre-forts entre lesquels sont des arcades plus petites supportées par des colonnes; point de corniches; des colonnes sans entablements; un portail servant de décoration à la porte d'entrée, où l'on voit plusieurs arcades les unes dans les autres, supportées par des groupes de colonnettes de différentes grandeurs; tout cet ensemble, sans ordre ni symétrie, est positivement ce qui caractérise les édifices que l'on construisait à la même époque en France, en Allemagne, et dans le nord de l'Italie.

En effet, si l'on ajoute à cette architecture arabe ce que le climat froid et pluvieux exige, ce que les usages religieux demandent, et ce que la sculpture statuaire permet, alors les combles élevés, les pignons pointus, le gouttières avancées, les clochetons, les statues, les bas-reliefs deviendront la décoration obligée de cette architecture arabe transplantée dans le Nord, chez un peuple chrétien.

Ce genre de construction sera positivement celui qu'on a appelé gothique et dont on voit un bel exemple dans la Sainte-Chapelle à Paris. La construction de l'édifice dont nous venons de parler et celle de la Sainte-Chapelle sont toutes deux du XIII^e^ siècle.

Les édifices dits gothiques présentent une grande diversité de caractère, et on peut les diviser en deux classes.

Les uns ont dans la construction et la décoration un style byzantin où les arcades plein cintre et les ordres d'architecture sont employés ainsi qu'on peut l'observer dans ceux construits depuis 850 environ jusqu'en 1063, date de la fondation des édifices de Pise; période de deux siècles pendant laquelle le midi de l'Italie était en relations continuelles avec l'empire d'Orient.

De 1232 à 1326 se construisaient dans les mêmes principes la cathédrale de Florence, sa tour et le baptistère de Pise.

Ce système a été suivi jusqu'en 1400, époque de la renaissance des arts en Italie.

Les édifices de la seconde classe ont dans leur décoration un style arabe auquel on ne peut se méprendre; les arcades aiguës, les murs avec des contre-forts sans corniches, point d'ordre d'architecture, et surtout l'absence de tout système de rapports et de symétrie, tout caractérise les édifices construits dans les XI^e^, XII^e^ et XIII^e^ siècles, période pendant laquelle les peuples du Nord, de l'Italie, de la France, d'Angleterre et d'Allemagne, avaient le plus de relations avec les Arabes par les longues guerres des croisades.

Ces deux branches d'une même architecture, c'est-à-dire, l'architecture arabe et l'architecture gothique, s'éloignent sensiblement l'une de l'autre lorsqu'elles sont assujetties à des usages, à des goûts différents, sous des religions et des climats divers. Les ornements de l'architecture arabe ne cessèrent d'être les mêmes que ceux des armes, des vêtements, des tapis et des tentes de ce peuple, tandis que les ornements de l'architecture gothique consistaient particulièrement dans la sculpture d'hommes et d'animaux, que les musulmans ne pouvaient employer sans enfreindre les préceptes de leur religion. Ainsi, des armoiries, des bas-reliefs, des statues historiques, des figures symboliques ou allégoriques dont la religion chrétienne permettait l'emploi, étaient du domaine de la sculpture et des arts romains en décadence.

C'est sans contredit à cette école qu'on doit la décoration de l'architecture gothique des premiers temps. Saint-Germain des Prés en offre un exemple dans la grande tour, qui date du VI^e^ siècle de notre ère. Cependant les architectes et les sculpteurs, en cherchant une imitation plus fidèle de la nature, donnèrent un autre caractère à leurs constructions; le travail fut plus exact et plus fini, et les formes furent plus sveltes. Enfin dans l'ornement on vit des entrelacs et des rinceaux dont les feuilles ressemblaient plus à la forme des productions végétales du pays, qu'à la sculpture idéale des Romains.

C'est ainsi que s'exécutaient les édifices de la France avant 1500, époque où les arts de l'Italie vinrent redonner à l'architecture toute sa pureté et sa splendeur.

L'église Saint-Eustache paraît signaler cette transition, tandis que, peu après, le château des Tuileries, du Louvre et d'Écouen, s'exécutaient avec toute la pureté des principes de l'architecture antique.

Nous avons essayé de démontrer dans cette introduction comment l'architecture gothique avait tiré son origine des édifices arabes. Ce qui vient d'être dit au sujet de ceux qui furent construits sous les sultans mameluks d'Égypte semble en donner une preuve irrécusable.

Après les gouvernements des mameluks turcs et circassiens, l'Égypte fut conquise par Selim, Sultan ottoman, et divisée en vingt-quatre beiliks gouvernés par un pacha. Cette forme de gouvernement plaçant l'Égypte dans l'entière dépendance du Grand Seigneur, constitue une nouvelle époque pour les édifices du pays. Plusieurs édifices donnés dans cet ouvrage sont de cette époque. Les planches en fournissent l'explication.

# DESCRIPTION DES PLANCHES.

Avant d'entrer dans la description de chaque mosquée séparément, il est nécessaire de donner une idée de la manière dont sont construites les mosquées en général, celles surtout qui s'appellent *Djami*, grandes mosquées, où se fait la prière du vendredi, par opposition aux *Mesdjid*, oratoires où l'on ne peut pas faire célébrer l'oraison du vendredi.

Dans l'opinion des mahométans, la mosquée n'est point, comme dans les croyances des autres peuples, l'édifice où l'on suppose la présence de la Divinité : ce n'est qu'un édifice destiné à réunir les fidèles pour l'accomplissement de leurs devoirs religieux, et la sainteté de la mosquée consiste surtout dans le *Mehrab*, qui indique sa position par rapport à la *Caba*, seule honorée du nom de la maison de Dieu.

Ordinairement, une mosquée consiste en portiques qui entourent une cour carrée, au centre de laquelle se trouve le bassin des ablutions. Un côté du bâtiment, celui où le sanctuaire est orienté vers la Mecque, est bien plus spacieux que ceux des trois autres côtés de la cour. Il y règne deux ou trois rangs de colonnes qui forment autant de nefs parallèles aux murs extérieurs. Quelquefois le portique en question est ouvert sur la cour.

Au centre du mur extérieur est le *Mehrab* ou la niche qui indique la direction de la Mecque; à droite est le *Mimber* ou chaire à prêcher. Du côté opposé au *Mehrab*, sur le devant, sont les pupitres où sont placés les exemplaires du Coran, et une tribune supportée par de petites colonnes, où l'*imam tatib* annonce l'heure de la prière.

Le sol de la mosquée est couvert ordinairement de nattes sur lesquelles on étend un ou plusieurs *seddjadeh*, petits tapis assez longs pour que l'homme qui prie y trouve place dans ses génuflexions. Aucune distinction n'a lieu entre les pauvres et les riches; tous prient, à côté l'un de l'autre, avec ordre et recueillement. Du reste, les mosquées du Caire sont assez vastes et en assez grand nombre pour qu'il n'y ait jamais de foule dans les réunions du vendredi.

Les femmes sont exclues de ces prières, car le prophète, sans interdire positivement leur présence dans les mosquées, a décidé qu'il était plus convenable qu'elles s'acquittassent de la prière du vendredi dans l'intérieur de leurs maisons.

Les grandes mosquées sont ordinairement ouvertes depuis la pointe du jour jusqu'à l'heure de la dernière prière du soir, c'est-à-dire, deux heures après le coucher du soleil.

A l'entrée de la mosquée, le musulman ôte ses souliers (après s'être purifié par les ablutions d'usage), les tient à la main, semelle contre semelle, toujours très-attentif à mettre le pied droit le premier en franchissant le seuil de la mosquée. En se préparant à prier, il place ses souliers et ses armes, s'il en porte, devant l'endroit où sa tête doit toucher le sol dans la génuflexion. Malgré le respect que les musulmans portent à leurs mosquées, il n'est pas rare d'y voir des hommes manger, dormir, filer ou coudre, dans les heures où il ne se fait pas de prières. D'un autre côté, leur vénération pour quelques mosquées, comme *El-Azhar, El-Hasanein*, était telle, qu'avant l'expédition française, il n'était pas permis à un chrétien ni à un juif de passer à cheval devant aucune d'elles.

Chaque mosquée (nous ne parlons ici que des grandes mosquées, *Djami*) a ordinairement auprès d'elle un bain public, une fontaine, *sebil*, et une école pour les enfants. La mosquée a un intendant, *nadhir*, qui administre les fonds provenant de terres ou de maisons léguées à la mosquée. Deux *imams* y sont également attachés, l'un, *khatib*, chargé de lire au peuple, à la réunion du vendredi, la *khotbeh* ou prône, et un autre, *imam tatib*, ou aumônier, chargé de lire la prière tous les jours dans les cinq heures canoniques établies par le Coran. Indépendamment de ces ministres de la religion, il y a autant de crieurs, *moueddins* ou *mouezzins*, et portiers, *baouab*, qu'il y a de minarets ou de portes d'entrée : on y emploie encore des balayeurs, des allumeurs de lampes et des gens qui ont soin des nattes et des tapis; des *sakka*, porteurs d'eau, pour arroser la cour et remplir le bassin aux ablutions. Tous, ainsi que les *imams*, sont rétribués sur la caisse des fonds affectés à l'entretien de la mosquée, car le peuple n'y contribue aucunement. On se ferait une fausse idée des *imams*, si l'on voulait les assimiler aux prêtres chrétiens, de quelque confession que ce soit. Le pontificat est censé résider dans la personne du lieutenant de Mahomet, d'un calife, et actuellement, selon la croyance des *Sunnites*, dans la personne du sultan ottoman. Les *imams* ne sont que les délégués du pontife, et n'ont aucun caractère sacré, leurs appointements sont d'ailleurs si exigus, qu'ils ne sauraient subvenir aux premiers besoins de la vie, s'ils n'exerçaient aucune autre profession.

Nous avons déjà dit, dans l'Aperçu historique, que la première mosquée bâtie en Égypte fut celle d'*Amr ben al-As*. Elle fut la seule mosquée de Fostat pendant tout le temps que dura le règne des quatre premiers califes et celui des Ommiades. Lorsque cette dernière famille fut renversée par les Abbassides, le premier calife de cette maison envoya son cousin Abdallah en Égypte, afin de poursuivre les débris des Ommiades, et couper court à toutes les tentatives de résistance de leurs partisans. Abdallah, venu à *Fostat*, commença à bâtir le quartier nommé *El-Asker*, et fonda une mosquée appelée aussi la mosquée d'*El-Asker* (ce mot veut dire armée et camp). C'était en 133 de l'hégire. Il y eut donc maintenant deux mosquées pour faire la prière du vendredi (et c'est constamment de ce genre de mosquées que nous parlons). Lorsque, en 263, *Ahmed ben Touloun* construisit la mosquée connue sous son nom, celle d'*Alasker* fut abandonnée; et la prière du vendredi se faisait dans celle d'*Amr ben al-As* et dans celle de *Touloun*, jusqu'au moment où *Djauhar*, général et affranchi de *Moezz*, calife fatimite, vint fonder la ville du Caire et la mosquée *El-Azhar* (la mosquée brillante). Alors la prière du vendredi se faisait dans celle d'*Amr*, dans celle de *Touloun*, dans celle *El-Azhar*, et dans la suite ce privilége fut étendu à la mosquée de *Korafa*, appelée aussi mosquée *El-Evlia*, ou des saints.

En 380 de l'hégire, *Abou Mansour Nazar*, fils de *Moezz li-dini-llah*, fonda la mosquée d'*El-Hakem*, près de *Bab-el-Fotouh*, terminée par son fils *Hakem-bi-amri-llah*, qui bâtit aussi celles de *Maks* et *Rachidé*. La prière de vendredi se faisait dans toutes ces mosquées jusqu'au renversement de la dynastie des Fatimites, en 567, époque à laquelle on la supprima dans la mosquée *El-Azhar*. Pendant le règne de la dynastie turque, c'est-à-dire, des *Mameluks Bahrites*, il s'éleva un grand nombre de mosquées tant au *Caire* qu'à *Fostat* et à *Korafa*; tous les émirs et les secrétaires des princes rivalisaient dans leurs constructions. Vers la moitié du XVI^e^ siècle de notre ère, leur nombre s'élevait à plus de 200. Il s'accrut encore depuis la conquête de l'Égypte par les Ottomans; mais les monuments les plus remarquables dans ce genre appartiennent au temps des *Fatimites* et des princes *mameluks*.

### Mosquée AMROU ou AMR.

Outre le nom de son fondateur *Amr ben al-As*, elle portait encore ceux de la Vieille mosquée et de la Couronne des mosquées.

Elle fut bâtie par les conquérants mahométans, l'an 21 de l'hégire, sur le terrain appartenant à un des chefs de l'armée, qui le donna, à titre de donation pieuse, pour la construction de la mosquée.

Sa longueur primitive était de 50 coudées sur 30 de largeur. Quatre-vingts d'entre les compagnons de Mahomet assistèrent à l'érection de ce temple et à l'établissement de la *kibla*, ou direction de la Mecque. Elle n'avait point encore de *mehrab*, ou niche, qui ne fut introduit dans les mosquées que plus tard par *Omar ben Abd el Aziz*, et l'estrade que *Amr* avait élevée fut abattue par ordre du calife *Omar*. Elle resta dans cet état jusqu'à l'an 53 de l'hégire, où le peuple s'étant plaint de ce qu'elle était trop petite, *Moavia* ordonna de l'élargir. Elle était pavée de gravier : *Moavia* ordonna de couvrir son sol de nattes.

Ce fut *Mouslema*, fils de *Mokhlid*, gouverneur d'Égypte, qui le premier étendit l'enceinte de la mosquée du côté de l'est, et construisit des tourelles sur les quatre coins, pour les muezzins. L'échelle par laquelle montaient les muezzins était d'abord sur la rue; ce n'est que plus tard qu'on la transporta dans l'intérieur de la mosquée.

*Abd el Aziz*, fils de *Mervan*, investi du gouvernement de l'Égypte, en démolit une partie, et l'élargit du côté de l'ouest, en 79 de l'hégire, et y fit entrer l'enceinte découverte qui était du côté du nord. Dix ans après, le calife *Velid* ordonna d'élever le toit. Mais des changements plus importants encore y furent faits en 92 de l'hégire; et pendant tout le temps des travaux, les prières du vendredi furent suspendues et se faisaient dans une *kaïsarieh*. C'est alors qu'on éleva une nouvelle chaire, et qu'on y fit quatre portes au lieu de deux qui s'y trouvaient au commencement. On y construisit aussi le *beit-ul-mal*, ou trésor public.

Au commencement du règne du premier calife abbasside, on y fit une cinquième porte.

Au temps du calife *Mamoun*, la mosquée avait déjà 290 coudées de longueur sur 150 de largeur. En 275, la mosquée essuya un incendie qui, entre autres parties de l'édifice, consuma aussi la table *verte*.

*Khamarouïeh*, fils d'*Ahmed ben Touloun*, la restaura, ainsi que la table verte, où il fit inscrire son nom comme restaurateur.

Cette restauration, faite par un architecte nommé *El Adjifi*, coûta 6,800 dinars. Un nouveau portique de 9 coudées fut ajouté en 357; un jet d'eau, le premier alors introduit dans les mosquées, fut construit dans celle-ci par *Aboul-faradj-Iakoub ben Kels*, par ordre du calife *Aziz Billah*. La mosquée fut peinte et ornée de dorures, en 387, par ordre de l'eunuque *Bardjevan*, qui y fit construire un four que l'on chauffait chaque nuit qui précède le vendredi.

On y fit transporter, en 403 de l'hégire, 1,290 exemplaires du Coran, parmi lesquels il y avait des exemplaires écrits entièrement en or. *Hakem-bi-amri-llah* y fit encore transporter un poêle en argent, ce qui fit que la mosquée fut constamment remplie de monde

Les sultans *Kalaoun* et *Bibars*, connus par la construction d'une foule d'édifices au Caire, ne négligèrent point de réparer et restaurer la mosquée d'*Amr*. On dit que chaque nuit brûlaient, dans la mosquée, dix-huit mille mèches, pour l'entretien desquelles on dépensait chaque nuit onze mille quintaux d'huile épurée. Voilà le résumé de ce qu'en disent les auteurs arabes qui ont décrit cette mosquée.

Nous allons la décrire telle qu'elle se trouve aujourd'hui.

Cette mosquée est située à l'est du vieux Caire, et au centre des ruines de l'ancienne ville.

Le sanctuaire a six rangs de colonnes ou nefs, où l'on voit la niche, la chaire, la tribune et les pupitres où sont placés les exemplaires du Coran; on ne trouve, dans cette vaste mosquée, aucun indice apparent de cette richesse d'ornements de peinture et de dorures qui puisse donner la plus faible idée de ce qu'en ont dit les auteurs arabes; la plus grande simplicité règne dans tout son ensemble.

Les portiques latéraux sont moins larges: celui du midi n'a que deux rangs de nefs; mais celui du nord en a trois, vraisemblablement en raison de son exposition du côté du soleil. Ces portiques sont destinés actuellement à servir d'asile aux pauvres, aux voyageurs ou aux musulmans qui s'y retirent pour quelques jours, afin de se livrer avec plus de recueillement à la prière.

Au milieu de la cour carrée, qui a 80 mètres de côté, se trouve la fontaine pour les ablutions. En avant de l'enceinte destinée à la prière est une autre cour, ayant des deux côtés des bâtiments destinés à quelques usages particuliers; l'un, à droite, renferme des bains, des latrines, un abreuvoir et un manége pour fournir l'eau nécessaire à cet établissement; l'autre, à gauche, est un *okel* ou *oukaïl*, bâtiment destiné à recevoir les voyageurs. Il y a des cours, des portiques, des chambres et des écuries.

L'ensemble général du plan est d'une grandeur imposante, et en même temps d'une simplicité remarquable.

Les colonnes qui forment ces portiques sont au nombre de 250; elles sont toutes d'un seul morceau et de marbres différents. Elles ont sans doute été enlevées à quelques débris d'édifices romains; comme cela a toujours eu lieu dans les constructions des mahométans, qui dépouillaient les édifices anciens pour en orner les nouveaux. Les chapiteaux corinthiens, et les bases et piédestaux, y ont été ajustés comme par hasard, afin de les élever à une hauteur régulière de 5 mètres; à cette hauteur, et sur chaque chapiteau, sont des dés composés de trois assises en pierre, dans lesquelles sont scellés des tirants en bois, horizontalement placés, qui tiennent l'écartement des voussures en arcades à double courbure; ces arcades sont en pierre très-bien appareillée, quelques-unes en briques, portant un mur en moellons recouvert d'un enduit en stuc, sur lequel posent les solives du plancher, qui forme en même temps la terrasse des portiques.

Ce qui est digne de remarque, c'est l'arcade aiguë formée de deux courbes. Je crois qu'il serait difficile de trouver un édifice moderne, d'une époque antérieure, où l'on ait employé ce qu'on appelle l'arc ogive. Je ne chercherai pas à expliquer comment et pourquoi il paraît d'abord dans l'architecture arabe, mais je pense que les Arabes l'ont employé comme ils se sont servis des colonnes, c'est-à-dire qu'ils adoptaient l'usage qu'en faisaient les peuples récemment conquis par eux. Quoi qu'il en soit, l'arcade aiguë à plusieurs courbes est devenue le signe le plus caractéristique de l'architecture arabe; et si l'on ne veut pas voir l'influence dominante des arts de l'Orient dans les édifices de l'Occident des XIe et XIIe siècles, au moins accordera-t-on que l'usage général de l'arcade aiguë, improprement appelée gothique, date des conquêtes des Arabes en Europe.

A l'exception de 1,500 lampes suspendues aux tirants en bois entre les colonnes, des pupitres pour placer les exemplaires du Coran, de la tribune du crieur ou *muezzin*, de la chaire à prêcher et des niches, on ne trouve dans cette mosquée aucun ornement ni peinture qui puisse donner la plus faible idée du goût des Arabes dans les arts. Nous ferons remarquer, toutefois, que le profil qui supporte la balustrade du minaret est composé d'un tore, d'un cavet et d'un filet, et qu'il ressemble à ceux des anciens temples de l'Égypte. Ceci pourrait n'être qu'un effet du hasard, car nous ne trouvons rien dans les autres monuments arabes de l'Égypte qui puisse faire croire que les arts de l'antiquité égyptienne aient exercé quelque influence sur l'architecture des Arabes. L'esprit religieux des musulmans aurait toléré plutôt quelques emprunts faits à l'architecture des Grecs et des Romains, et à celle des chrétiens, qu'à celle des Égyptiens.

Nous avons dit, du reste, au commencement de cet article, que les minarets sont d'une construction postérieure.

La planche première représente le plan et la coupe sur une échelle de deux millimètres pour mètre; la planche II présente la vue de la cour et des galeries.

A l'époque actuelle, la mosquée d'Amrou est presque abandonnée; plusieurs parties tombent en ruine, faute d'entretien. Les deux corps de bâtiments de la première cour sont totalement détruits: je les ai restaurés d'après l'indication de quelques fondations que j'ai découvertes au moyen de fouilles.

Lorsque la crue du Nil est tardive et qu'une disette est à craindre pour l'année prochaine, il est d'usage que le chef du gouvernement invite les oulémas, les cheïkhs, les rabbins, les prêtres coptes, grecs et catholiques, à se rendre à la mosquée d'*Amrou* avec leurs coreligionnaires: chaque secte alors se réunit en groupe hors de l'enceinte de la mosquée, pour implorer le secours du ciel, obtenir une bonne inondation, et conjurer ainsi les malheurs qui menacent le pays.

Cette cérémonie se fait avec beaucoup d'ordre et de dévotion. Toutes les confessions se témoignent une déférence mutuelle, et se conduisent comme si elles ne formaient qu'une seule famille.

### Mosquée de Touloun.

Cette mosquée a été bâtie en 263 de l'hégire (876 de J. C.), par *Ahmed ben Touloun*, qui gouvernait l'Égypte pour son propre compte, tout en reconnaissant le calife *Mo'tamed* pour son seigneur suzerain.

Voici ce que dit Makrizi de la fondation de cette mosquée.

*Ahmed ben Touloun* avait résolu de construire une mosquée dans un endroit appelé la montagne de *Jachkour*, et de lui donner 300 colonnes; mais il n'avait pas assez d'argent pour couvrir les dépenses d'une pareille construction. On lui conseilla de prendre des colonnes dans des églises et autres monuments répandus dans les villages; mais il n'écouta point ces conseils, et témoignait le désir de construire une mosquée qui pût rester intacte dans le cas d'un incendie aussi bien que d'une inondation. Les colonnes de marbre, disait-il, sont facilement anéanties par le feu. Préoccupé de ces pensées, il s'emporta contre un architecte chrétien qu'il avait chargé de construire une fontaine, le frappa et le fit jeter dans un cachot.

Cet architecte chrétien lui fit parvenir, du fond de sa prison, une lettre dans laquelle il s'engageait à bâtir une mosquée sans colonnes, excepté les deux colonnes de la *kibla*.

*Ahmed ben Touloun* le fit venir, et l'architecte dessina, sur une peau, le plan d'une mosquée qui charma le prince; il compta aussitôt cent mille dinars pour les dépenses de la construction, et promit de lui fournir tout ce dont il aurait besoin.

L'architecte se mit à l'œuvre, la mosquée fut terminée en deux années; on suspendit les flambeaux, on dressa la chaire à prêcher et on apporta des exemplaires du Coran. Le prince, satisfait du travail, fit compter dix mille dinars à l'architecte et lui assigna une pension viagère. Il fit ajouter ensuite un bassin pour les ablutions, et une boutique avec des rafraîchissements et des médicaments, confiée à un médecin, pour porter secours à ceux qui se trouveraient mal pendant la prière.

Les musulmans, voyant la magnificence de la mosquée, ne manquèrent point de murmurer en disant qu'un pareil édifice ne pouvait être construit avec des revenus ordinaires, et que c'était sans doute avec de l'argent mal acquis ou extorqué qu'il l'avait fait bâtir; mais *Ahmed ben Touloun* se hâta de les rassurer à cet égard, en déclarant que, dans une de ses courses, aux environs de la ville, il avait trouvé un trésor suffisant pour bâtir la mosquée et pour la doter.

Voici quel est son état actuel : La mosquée est située au sud-ouest, dans la ville du Caire, au quartier des Moghrebis. C'est une grande cour carrée, de 90 mètres de côté, entourée de portiques à arcades : trois côtés de la cour sont à deux rangs de nefs; celui du sanctuaire en a cinq. La construction n'a rien emprunté des monuments antiques, comme cela a lieu pour les colonnes de marbre qui supportent les arcades et les plafonds de la mosquée d'*Amrou*.

Celle de *Touloun* est entourée d'une double enceinte, pour éloigner le lieu de la prière du bruit du dehors. Toute la construction est en briques, recouvertes d'un fort enduit; les ornements et les moulures sont en stuc.

Cet édifice a été construit d'un seul jet, et les réparations qu'y avait fait faire *El-Melec-el-Mansour*, en 696 de l'hégire, n'y ont apporté aucun changement important : aussi croit-on apercevoir l'architecture arabe dans toute sa pureté, et exempte de cette multitude de détails inutiles, de colonnes disproportionnées, de contre-forts, de pignons et de combles aigus, que l'on voit successivement dans les édifices de l'Occident après la conquête des Arabes.

Cet édifice, ainsi que la mosquée d'*Amrou* et la mosquée *Al-Azar*, peut être considéré comme le type de l'architecture arabe en Égypte pendant la première époque.

On remarque dans la mosquée de *Touloun* un système suivi dans la forme des arcades à voûte aiguë, un certain rapport dans la hauteur et la largeur des nefs, des arcades et des murs.

La décoration a de l'ensemble et de l'unité; les inscriptions de la frise intérieure, sous les portiques (sculptée sur bois), sont en lettres coufiques : ce caractère, qui est celui des premiers temps de l'islamisme, employé dans les légendes des monnaies, et qu'on lit sur les monuments de toute espèce, fut remplacé ensuite par un autre *soulouci*, qui se rapproche, quant à la forme, du caractère des manuscrits.

Le mur intérieur de la cour est couronné par une large frise, avec compartiments et rosaces, qui produisent un bon effet.

Le mur extérieur est terminé par une espèce de créneaux découpés à jour, dans lesquels on croit voir la ressemblance d'un turban, de la flamme et de la masse ou *topouz*.

Les petites colonnes, engagées aux angles des pilastres des arcades, rappellent assez la décoration de presque toutes les portes et fenêtres de l'architecture, en France et en Allemagne, au XII<sup>e</sup> siècle de notre ère.

Les plafonds des portiques sont en bois de dattier; la circonférence de ces poutres est recouverte de planches, afin qu'elles paraissent équarries; les intervalles, également recouverts en planches, sont divisés par des caissons; le dessous des arcades, ainsi que le pourtour des fenêtres, est orné de feuilles et de fleurs. Les compartiments qui forment les fenêtres, pratiquées dans les murs extérieurs, sont en pierre calcaire, découpés et à jour, sans vitraux.

Dans le sanctuaire, au-dessus de la niche de la prière, est une petite coupole en briques, soutenue par des pendentifs en bois. Cette partie est la seule qui soit peinte en diverses couleurs, comme bleu, rouge et jaune.

La chaire est en bois de noyer, à compartiments incrustés d'ivoire.

Le sanctuaire (en arabe *maksoura*) est fermé par des grilles en bois. Il est meublé de deux pupitres et d'une tribune; son pavé, en dalles de pierre, est recouvert de nattes. Le bassin pour les ablutions, au centre de la cour, est en pierre calcaire, et sa coupole construite en briques. Cette cour est subdivisée par huit bandes en dalles de pierre de 2 mètres de largeur, lesquelles conduisent du bassin des ablutions au sanctuaire.

Le minaret, à l'angle nord-est des enceintes, a ses rampes d'escalier en dehors du massif, et décrivant une ligne spirale jusqu'à sa dernière galerie; la moitié de sa hauteur a une base carrée, la partie supérieure est circulaire, le tout construit en pierre de taille parfaitement appareillée. Sur la petite coupole, couronnant le minaret, au lieu du croissant est une barque en bronze; cette barque est creusée : on avait soin d'y mettre, chaque année, du blé et de l'eau pour servir de nourriture aux milans et autres oiseaux qui planent habituellement sur cette mosquée.

Les fonds alloués à cette mosquée sont actuellement si médiocres, qu'ils ne suffisent pas pour entretenir le personnel, en général peu nombreux, des desservants; aussi est-elle fortement dégradée en plusieurs endroits et particulièrement les plafonds et les terrasses.

La planche III donne le plan de cette mosquée, avec des numéros de renvoi.

La planche IV représente sa coupe générale, un détail plus en grand de la coupe des galeries, et un détail de l'élévation extérieure, avec le mur d'enceinte.

La planche V donne les divers détails d'ornements.

La planche VI une vue de l'intérieur.

### Mosquée El-Azhar. — Planches VII et VIII.

La mosquée *El-Azhar*, ou mosquée brillante, est située au nord-est, dans la ville même du Caire : c'est la plus ancienne de cette partie de la capitale de l'Égypte, puisqu'elle a été fondée, comme nous l'avons dit dans l'aperçu historique, par *Djauhar, kaïd*, ou général des armées du calife *Moezz le dinillah*, en 359 de l'hégire (981 de J. C.). Elle fut entièrement terminée, et ornée d'une inscription qui indique la date et le nom du fondateur, en 361. Makrizi rapporte que, d'après l'opinion généralement reçue, on a eu soin, en construisant la mosquée, d'y mettre des talismans ou amulettes, afin que les oiseaux, tels que moineaux, pigeons et autres, n'y établissent pas leurs nids. Ces talismans devaient consister en certaines figures d'oiseaux, placées sur les colonnes de la mosquée ou sur le portique.

On voit, dans le plan de cette mosquée, une grande cour entourée de portiques, dont la disposition est, à peu de chose près, semblable à celle de la mosquée d'*Amrou*; d'autres petites mosquées, ou oratoires, et diverses parties accessoires, y ayant été ajoutées plus tard, ce plan a perdu un peu de sa régularité primitive.

Le sanctuaire est composé de neuf rangs de nefs ou travées, et où plus de 1,200 lampes sont suspendues.

Cet édifice, soutenu par 380 colonnes en marbre, en porphyre et en granit, avec des bases et des chapiteaux enlevés aux anciens édifices romains, est destiné à recevoir, non-seulement un grand concours de monde pour la prière, mais il sert encore de collége aux gens du pays, ainsi qu'aux étrangers qui s'y rendent pour se perfectionner dans la théologie et la jurisprudence mahométanes.

Dès le commencement de sa fondation, le collége de cette mosquée acquit une grande célébrité par le concours de savants qui y enseignaient la théologie et le droit; cette renommée s'est conservée jusqu'à nos jours, au point que les musulmans y viennent des contrées les plus éloignées pour y étudier le Coran et les sciences dont il est la source.

Ce collége fut établi par le calife *Aziz Billah*, sur la proposition de son vizir *Abou-l-faradj Iakoub* en 378 de l'hégire.

Les portiques à droite et à gauche ont été convertis en salles par des divisions de grilles et de cloisons en bois; on y a ajouté plusieurs autres pièces; elles forment autant de classes séparées pour les étudiants. Voyez planche VII.

Chacune de ces salles contient des armoires où sont renfermés les manuscrits; près de là sont disposées les pièces nécessaires aux ablutions et à l'entretien de la propreté parmi les étudiants. Chaque salle a un ou plusieurs cheikhs, pour la direction des élèves, qui sont actuellement au nombre de trois mille.

Cet établissement sert encore d'asile aux musulmans pauvres ou étrangers et aux derviches, qui y passent tranquillement la nuit, blottis sur des nattes étendues sur le pavé.

Les deux portes principales de cette mosquée sont des ouvrages postérieurs à sa construction; celle qui est en face de la grande cour a deux ouvertures, donnant entrée à un vestibule, suivi d'une petite cour, où l'on trouve la grande porte du collége. A droite de cette cour est la petite mosquée appelée *Cheik-Tabert*, et à gauche une autre mosquée plus grande.

Tous ces accessoires paraissent avoir été ajoutés à l'époque où la grande mosquée s'était trouvée trop petite, par suite de l'établissement du collége. Ces deux petites mosquées, ou oratoires, sont destinées aux musulmans qui ne veulent point être confondus avec les étudiants. La seconde porte, qui donne directement entrée dans la grande mosquée, est disposée comme la précédente, à l'exception des deux oratoires. On y trouve le tombeau d'un personnage nommé *Abd-er-Rahman Kiaya*.

Les arcades de ces deux portes sont soutenues par plusieurs petites colonnes, dans le style des portes de nos églises du XVe siècle. Sa grande frise, qui porte une inscription en lettres arabes, entremêlées de fleurs et de compartiments, est terminée par une espèce de petite corniche.

Au-dessus sont deux arcades, plein cintre, supportées par des colonnes et surmontées d'un couronnement en bois, formé par l'avance des solives du plafond, sur les extrémités desquelles on a appliqué une planche découpée en forme de lambrequins de tentes.

On doit remarquer que tous ces ornements ont plus d'analogie avec ce que nous connaissons des dessins qui font la beauté des tapis, des tentes et des armes des peuples de l'Orient, qu'avec les diverses combinaisons des matériaux de la construction des édifices arabes.

Quant aux constructions de la mosquée, on doit distinguer plusieurs époques : les premières sont semblables à celles de la mosquée d'*Amrou;* des colonnes supportent des murs en briques d'une grande élévation et d'un poids énorme; ils sont recouverts d'un fort enduit, et les ornements sont en stuc.

La construction des époques postérieures est en pierre de taille par assises régulières. On doit faire une remarque au sujet des arcs ou fermetures des portiques des colonnes et des entrées; c'est que celles d'entre les colonnes sont formées par une ligne brisée en quatre lignes droites et de trois angles.

Les fenêtres sont à arc aigu à deux courbures; la porte d'entrée a des arcades plein cintre.

On pourrait déjà présumer que l'arcade aiguë était originairement en usage chez les Arabes, ainsi qu'on le voit aux mosquées antérieures au IV<sup>e</sup> siècle de l'hégire, mais que ce n'était point chez eux un système, et qu'ils employèrent ensuite diverses formes d'arcades. Enfin, ils adoptèrent indifféremment l'arcade aiguë à deux courbures ou l'arcade plein cintre, bien que l'arcade à double courbure, ou ogive, ait prévalu dans la plupart des édifices et des monuments de cette architecture.

Dans la mosquée dont il est ici question, on peut encore suivre les progrès que fit la décoration; le mur de la cour est formé par un bandeau orné d'entrelacs ou bâtons rompus, pour servir de balustrade à la terrasse; il y a d'autres ornements en forme de créneaux. Ces ornements ont pu être ajoutés postérieurement.

La décoration des portes d'entrée de la grande mosquée, et les divers minarets, sont d'une époque plus récente.

La mosquée *el Azhar* ressemble à une grande hôtellerie, car, outre les lieux destinés à la prière, il y a, comme nous l'avons déjà dit, plusieurs endroits où les savants enseignent le Coran, les traditions et la loi.

On trouve, dans l'intérieur de cet édifice, des quartiers, *raouak*, où peuvent loger les étrangers qui y arrivent de Syrie, de la Perse, de l'Arabie, des provinces de l'empire ottoman, de l'Afrique occidentale, etc., etc. Chaque nation a son *raouak ;* mais ces lieux ne sont destinés que pour ceux qui y viennent dans le but de s'instruire : aussi la lecture est la seule occupation de ces hôtes.

Chaque *raouak* a son *nadhir*, ou inspecteur, qui dépend du directeur principal. On distribue tous les deux jours 38 quintaux de pain, ainsi qu'une certaine quantité d'huile pour l'éclairage; à la fin de chaque mois on pourvoit aux besoins de ces étudiants par une légère indemnité en numéraire.

L'entretien de cette mosquée et de ses dépendances se monte à 1,260 bourses (630,000 piastres de 40 paras) par année. Une partie de cette somme est payée par le gouvernement sur les produits de *rizaks ;* une autre provient du revenu des immeubles légués à l'entretien de la mosquée. Chaque mosquée possède plus ou moins de ces legs pieux, nommés *ouaqfs*.

La foule est continuelle dans cet utile établissement, autour duquel on a pratiqué un grand nombre d'issues pour faciliter l'entrée et la sortie.

On remarque au Caire plusieurs mosquées abandonnées, parce qu'elles manquent de fonds nécessaires à l'entretien. Le pacha Mohammed-Ali qui s'est emparé des biens dont les revenus servaient à les maintenir en bon état, n'accorde des pensions qu'aux *nadhirs* des mosquées les plus fréquentées.

### Mosquée BARKAUK.—Planches IX, X, XI, XII, XIII, XIV.

Cette mosquée est située hors de la ville, au nord-est de *Gebel el Giouchy*. Sa construction est en pierre de taille et date de 527 de l'hégire (1149 de J. C.); elle est dans une parfaite conservation.

La mosquée proprement dite est flanquée de deux édifices carrés, surmontés d'un dôme et servant de tombeaux; l'un est celui du calife *Barkauk* qui fit construire la mosquée, l'autre celui de sa famille.

La planche IX représente le plan général et deux coupes, l'une sur le travers de la mosquée et des deux tombeaux, l'autre sur la longueur de tous les bâtiments.

Cet édifice de forme carrée comprend, indépendamment de la mosquée dont on vient de parler, des logements d'été et d'hiver pour les étrangers; trois logements complets pour les cheyks de la mosquée ou pour quelques dignitaires.

Deux choses importantes sont à remarquer dans cette mosquée, les dômes et les salles d'audience dont la grandeur et la forme sont les mêmes pour chacun des appartements. Au milieu de ces salles une petite cour carrée avec un bassin et un jet d'eau. Sur l'un des côtés, on trouve un grand renfoncement destiné au trône où siégeait le prince.

Indépendamment des deux dômes qui sont sur les tombeaux de la mosquée, nous ferons observer qu'il y a non loin de là, d'autres tombeaux construits et ornés de la même manière. La construction de tous ces tombeaux porte le caractère de la bonne époque d'architecture chez les Arabes; elle est exécutée avec beaucoup de recherche et de savoir.

L'appareil des claveaux découpés est un jeu de la science. L'art n'a pas moins déployé de recherches et de goût dans les ornements, tant intérieurs qu'extérieurs, qui décorent les dômes bâtis en pierre.

Il paraît que les Arabes ont fait un grand usage des voûtes sphériques de tous les genres, et que c'était sans aucun doute le signe le plus caractéristique des tombeaux de leurs princes.

Dans toutes les provinces de l'Orient, où les Arabes ont étendu leur domination, on trouve une infinité de monuments plus ou moins grands, toujours surmontés de dômes, et cependant on ne peut pas regarder le dôme comme particulier aux Arabes avant l'islamisme, puisque aucun des édifices construits en Arabie n'a eu, à notre connaissance, de voûtes sphériques, et nous avons vu quelle était la simplicité du temple de la *Caba*, où l'on aurait dû appliquer tout ce que l'art pouvait trouver de plus ingénieux. Ne pourrait-on pas croire que l'introduction des dômes est un emprunt fait aux peuples de l'Asie, où l'on voit des *tops* servant comme monuments sépulcraux?

Les pyrées en Perse ont la même forme. Il est certain toutefois que les Arabes, qui l'ont empruntée à l'Asie, plus avancée qu'eux dans la civilisation, l'ont communiquée à l'Occident. On voit des monuments de ce genre dans les constructions de l'Afrique occidentale, parmi les princes mahométans des tribus *berbères*, comme à *Kalaa-beni-hamad*. Du reste, le nom même de coupole vient de l'arabe, où toute sphère se nomme *kobba*, et d'où on a pu tirer, par la forme diminutive, le mot coupole (1).

Quant à la décoration, au lieu d'indiquer des caissons dans l'intérieur, les Arabes n'ont fait usage que d'ornements qui ressemblent beaucoup plus à des festons et à des broderies. Ils ont employé quelquefois des côtes ou nervures à l'extérieur des dômes.

En général, ces ornements sont de deux espèces: des entrelacs, des bâtons rompus ou de guillochis comme on en voit sur les armes, les tapis, les vases et les vêtements des Orientaux; puis des feuilles qui affectent toujours les diverses combinaisons de la forme qu'on donne ordinairement à la fleur de lis du blason, qui est celle du *lotus* des anciens Égyptiens.

Cette dernière remarque n'est peut-être pas sans intérêt pour ceux qui cherchent l'origine de la fleur de lis, laquelle ne parut point sur les armes des rois de France avant les croisades. Ces ornements sont exactement représentés dans un grand nombre des dessins de cette collection.

La construction de la mosquée dont il s'agit ici est par assises réglées en pierre calcaire alternativement blanche et rouge (2); des piliers carrés supportent des arcs aigus à deux courbures également en pierre de deux couleurs. Entre les arcs sont de petites calottes ou voussures en briques; aux traverses ou tirants en bois qui retiennent l'écartement des voûtes sont appendues les lampes en une quantité infinie.

Dans les façades latérales de la cour, au-dessus des portiques, se trouvent les *harem* ou logements des femmes des *cheikhs* desservant la mosquée. Deux minarets d'une élégante proportion et à trois grands rangs de galeries sont placés sur la face de l'édifice.

Ce qu'il y a de plus remarquable à l'intérieur, c'est la chaire à prêcher: elle est d'un goût et d'un travail exquis. La corniche qui couronne la porte offre un bel exemple de ce genre de construction constamment employé dans l'architecture arabe, pour tout ce qui est encorbellement: ces espèces de couronnements, souvent très-saillants, sont formés de petites niches triangulaires de la hauteur d'une assise, placées en saillie les unes au-dessus des autres. C'est ainsi que sont exécutés les pendentifs des voûtes du dôme et les saillies des balcons des minarets.

Au sommet extérieur des dômes de cette mosquée, on voit des barques en bronze.

(1) Dans la construction des voûtes et des coupoles, les Arabes modernes commencent par élever ces voûtes sur tout le pourtour, jusqu'à la tangente ou au quart de la circonférence de la coupole, en pierres par assises réglées, ou en briques posées sur une couche de mortier, chaux, sable et plâtre; lorsque cette partie a fait corps, l'on place des cintres en bois; mais plus habituellement ces cintres se font en briques crues posées au mortier de terre; le cintre établi sur des pièces de bois servant de sablières. On continue la coupole, assises par assises, jusqu'à son niveau. Lorsque cette construction est bien sèche et qu'elle a fait son effet de tassement, on démolit les cintres. On opère de la même manière pour toutes les voussures, soit voûtes, soit arcades.

Les coupoles sont toutes élevées sur une base rectangulaire; les angles se rattachent à la partie circulaire par des pendentifs formés de petites niches superposées les unes sur les autres, jusqu'à la rencontre de la section complète du cercle, d'où l'on continue la voussure de la coupole, comme nous l'avons décrit ci-dessus.

Les claveaux des voussures et des plates-bandes sont souvent crochetés sur le parement extérieur avec une adresse et une précision qui étonnent. Ces crochets forment divers dessins avec des angles extraordinairement aigus et en courbes. Ce genre de taille, qui exige, comme on sait, beaucoup d'exactitude, prouve que les Arabes connaissaient le trait de la coupe de pierre par les diverses voussures de pendentifs de trompes et de voûtes. On en trouvera plus d'un exemple dans cette collection de dessins.

(2) Les Arabes ont employé les pierres de couleur dans leur appareil, particulièrement dans les sanctuaires et aux portes principales. La pierre noire est le basalte, la rouge est une pierre calcaire de la haute Égypte. Les assises en calcaire blanc sont beaucoup plus tendres que les précédentes; elles proviennent des carrières de la montagne Mokattam, à quatre lieues au-dessus du Caire. Celles-ci sont alternativement peintes au rouge vermillon. Cette couleur se voit aussi sur les murs extérieurs des palais et des maisons particulières. On les peint ordinairement lorsque le maître a accompli le pèlerinage de la Mecque; voyage qu'un vrai musulman doit faire au moins une fois pendant sa vie.

Cet édifice, qui semble avoir été bâti d'un seul jet, offre, par l'accord qui règne dans sa disposition, dans sa construction et dans sa décoration, un bel exemple de la seconde époque de l'architecture arabe, où déjà l'art et la science ont établi une espèce de système et de goût particuliers à ce peuple.

Cette mosquée, quoique encore debout, est abandonnée faute de moyens d'entretien : elle l'est déjà depuis une certaine époque. Un seul portier veille à son existence, et la générosité des pèlerins et des voyageurs pourvoit seule à quelques légères dépenses.

### Mosquée de KALAOUN. — Planches XV, XVI, XVII, XVIII, XIX, XX.

L'édifice appelé le grand Moristan de Mansour est un hôpital où se trouvent réunis la mosquée, le tombeau et tous les accessoires qui accompagnent ordinairement les établissements de ce genre; il fut construit en 683 de l'hégire par *Melec-el-Mansour-Kalaoun,* qui, s'étant trouvé quelques années auparavant en Syrie malade et ayant été guéri à la suite des soins reçus dans le moristan de Damas, fit vœu d'en construire un pareil en Égypte. Il existait déjà dans le vieux Caire un moristan construit par *Ahmed-ben-Touloun,* ainsi que deux autres petits hôpitaux, *el Akhchidi* et d'*el Moafir.* Kalaoun fit construire le sien sur une plus grande échelle, et cet hôpital est distingué des autres par le nom de grand hôpital.

Il est situé au nord-est de la ville du Caire, et est destiné aux malades et aux aliénés des deux sexes.

La principale salle est vaste et bien aérée par une cour qui est au centre et qui donne de l'air et du jour; autour de cette cour une petite galerie à colonnes, avec des plates-bandes et plafonds en bois. Au milieu de la cour il y a un petit oratoire.

La pièce du fond de la cour est destinée aux hommes malades. Près de là sont les cours des latrines; à gauche de la salle, les cuisines et dépendances; à droite et à gauche de la cour, on voit des salles ou galeries pour les convalescents. Les lits sont rangés contre les murs, et au milieu de la pièce coule un ruisseau d'eau vive pour entretenir la propreté et la salubrité. En face de la chambre des malades, on trouve les pièces des infirmiers et des surveillants. Les médecins et les chirurgiens se tiennent sous les portiques de la cour. Les salles des femmes malades et des femmes convalescentes se trouvent derrière celles des hommes. D'autres cours avec des cellules et des couloirs sont disposées pour les aliénés.

En avant des bâtiments de l'hôpital sont deux monuments importants par la masse et la solidité de leur construction : à gauche est la mosquée et à droite la salle du tombeau du fondateur; entre les deux est la grande porte qui sert tout à la fois à l'hôpital, à la mosquée et au tombeau.

Le plan général de cet édifice n'offre point, il est vrai, une disposition régulière; mais tout cet ensemble présente une suite de motifs et de dispositions où le jugement, l'art et le goût ont la plus grande part. La planche XV représente le plan général sur une échelle de deux millimètres pour mètre, avec les renvois, qui expliquent suffisamment les usages des différentes pièces de ce bel édifice.

La planche XVI donne la coupe sur la longueur des grandes salles des convalescents et de la cour, où l'on ne saurait trop admirer la noble simplicité de cet intérieur.

La planche XVII représente la coupe de la salle du tombeau; sa décoration est d'une grande magnificence, mais d'un goût moins pur que celui des autres parties de l'édifice. Les longues arcades qui reposent sur des gros piliers, les croisées avec de petites colonnes, enfin tout l'ensemble de cette construction, dépouillée de ses ornements, ressemblerait beaucoup à la construction intérieure de nos édifices appelés gothiques.

La planche XVIII présente les détails fort curieux des arcades et des croisées de l'intérieur de la salle du tombeau. Ces derniers sont faits avec un grand talent, une exactitude et une précision qui donne une idée juste du genre de la sculpture. C'est pourquoi nous avons remarqué dans le détail n° 1 des chapiteaux à feuilles refendues, qui sont évidemment une imitation des chapiteaux corinthiens des édifices romains, qui ont dans les premiers temps servi comme par hasard à la construction des édifices, et qui par la suite ont été imités par les artistes arabes.

La planche XIX donne des détails très-intéressants de différents panneaux de menuiserie qui sont dans la salle du tombeau.

La planche XX donne la vue extérieure de l'ensemble de l'édifice.

Les murs sont construits en pierre par assises alternativement régulières rouges et blanches; le minaret s'élève à l'angle nord de cette façade : il a trois rangs de galeries; l'ensemble de ce minaret présente par l'harmonie de ses lignes un caractère ferme. A cet établissement sont attachés un chirurgien oculiste, un chirurgien pour les pansements, et un médecin directeur; ce dernier assiste à la distribution des rations, qui consistent en viandes de boucherie, soupes aux légumes, riz, et quatre pains à chaque individu. Cet hôpital n'a qu'un rez-de-chaussée et peut contenir environ cent vingt malades (1).

(1) On conserve dans la salle du tombeau un *caftan* en soie et la ceinture en cuir que le sultan *Kalaoun* portait, et on leur attribue des vertus talismaniques. Les malades, hommes et femmes, s'y rendent avec vénération, et, moyennant une rétribution au gardien, se couvrent du *caftan* usé par tant de siècles, et passent la ceinture autour de leurs reins. Ainsi revêtus, ils font trois fois le tour du tombeau en prononçant quelques prières. Ce procédé doit, à ce qu'ils prétendent, guérir leurs maux.

## Mosquée HASSAN. — Planches XXI, XXII, XXIII, XXIV, XXV, XXVI.

La mosquée dont il s'agit ici a été construite par *Melec-el-naser abou-l-Maali Hasan ben Mohammed ben Kalaoun* dans le quartier hors la porte Zouaïla; elle fut commencée en 757 de l'hégire et terminée en trois années entières jour pour jour.

Makrizi raconte que la dépense de chaque jour de sa construction s'élevait à vingt milles drachmes d'argent, et qu'on a entendu le sultan dire que les dépenses énormes de la construction la lui auraient fait abandonner s'il n'avait craint qu'on ne dit que le souverain d'Égypte n'avait pas assez de moyens pour construire une mosquée. Le Caire doit à cette louable ambition un des plus beaux et des plus grands monuments qui existent dans les pays occupés par les musulmans.

L'ensemble général du plan offre un aspect qui indique que l'art est arrivé au dernier point de la perfection. Ce plan est un motif de la croix grecque; les salles sont voûtées sur chacun des côtés de la cour; dans celle au sud-est, se trouve le sanctuaire, dont la voûte a 21 mètres dans œuvre: les trois autres salles ou nefs étaient destinées pour le peuple.

On a pratiqué à droite et à gauche de celle qui est en face du sanctuaire, les entrées de la mosquée; de côté et d'autre de ces entrées, on trouve les portes qui conduisent à diverses pièces pour des usages particuliers.

La grande nef, celle qui sert de sanctuaire, était destinée au souverain : c'était devant la niche qui est au fond qu'il faisait la prière, ou que, monté dans la chaire, il prêchait ou proclamait quelques édits.

Ces vastes salles, d'une bonne proportion, des points d'appui solides et d'une grande épaisseur, diverses pièces accessoires pour des besoins particuliers, donnent à l'édifice l'aspect à la fois majestueux et sévère d'une distribution commode, et dénotent le plus haut degré auquel est arrivée l'architecture; on peut s'en convaincre par l'inspection de la planche XXI, où sont indiqués les plans et la coupe transversale de la mosquée.

Si l'on remarque quelques irrégularités, elles sont motivées par l'emplacement des rues: ainsi, par exemple, l'entrée, qui présente un beau vestibule, aurait pu être placée avantageusement au milieu de la façade principale si le terrain avait été libre.

La face postérieure est d'un aspect grandiose; la coupole du tombeau, accompagnée de deux minarets, supportée par une haute muraille couronnée d'une belle corniche, présente un ensemble d'un fort beau caractère. La planche XXVI donne la vue de cet ensemble. Ce monument colossal est le plus grand de ceux qui existent au Caire. Les murs dans certains endroits ont jusqu'à 8 mètres d'épaisseur. La grande voûte de la mosquée a 21 mètres de largeur dans œuvre, et 28 mètres de hauteur sous clef.

Le minaret au sud, de trois étages de galeries, a 86 mètres d'élévation; le dôme a 55 mètres de haut sur 21 mètres de diamètre; enfin, la cour intérieure a 32 mètres de large sur 35 de long, et la longueur totale de l'édifice est de 140 mètres ou environ 430 pieds.

La décoration intérieure est d'une grande simplicité, mais elle offre un aspect très-original et d'un caractère fort important.

Au milieu de la cour est la fontaine des ablutions, d'une composition peu commune : une sphère, du diamètre de 8 mètres et supportée par des colonnes, représente le monde; elle est surmontée d'un croissant, et peinte en bleu; autour de cette sphère on a représenté une large zone, sur laquelle on lit une inscription arabe en lettres d'or. Voyez la planche XXV.

La construction de cette mosquée est en pierre régulière, alternativement blanche et peinte en rouge. Le système général des voûtes est l'arc à angle aigu, à deux courbures. Tout l'édifice est couronné extérieurement d'une forte corniche formée par encorbellement, de petites niches triangulaires et circulaires : au-dessus de cette corniche est un ornement en pierre découpé en forme de fleur de lis.

La planche XXIV représente l'élévation géométrale de la principale porte d'entrée; elle est remarquable par sa grandeur, par la variété, par la richesse de ses compartiments, et surtout par l'inscription, la corniche et l'ornement dont elle est couronnée.

La planche XXII offre le détail fort intéressant du pendentif du dôme et la riche décoration en marbre de l'intérieur de la salle du tombeau.

La planche XXIII donne une décoration du même genre, mais plus riche encore par le choix des marbres. Ce qui surtout est remarquable, c'est la grande inscription en caractères coufiques entremêlés de fleurs et d'ornements d'un goût exquis. Cette décoration est d'un bon style et d'une extrême magnificence, et contraste singulièrement avec la simplicité de l'intérieur. Les détails des porte-lampes et lanternes en bronze suspendues à la grande voûte sont très-remarquables par leur ingénieuse combinaison (1).

(1) Le seuil de la porte d'entrée de cette salle est un porphyre sur lequel on frotte une pierre, dit-on, mystérieuse (c'est une brique), que l'on tient renfermée dans une armoire : l'effet du frottement donne à quelques gouttes d'eau que l'on y répand, une teinte rougeâtre. Ceux qui sont attaqués d'un catarrhe ou autre maladie se servent de cette eau pour colorer leur langue, et prétendent guérir.

Les deux colonnes de la niche intérieure sont encore des talismans : les crédules passent sur l'une leur langue pour guérir de la jaunisse, et sur l'autre, les femmes stériles y pressent un citron et en sucent le jus qui coule le long de la colonne, pour se rendre fécondes.

**Toutes les salles sont pavées en dalles de pierre; la cour est en marbre de couleur et divisée par compartiments.**

### MOSQUÉE D'EL-MOUAÏED — PLANCHES XXVII, XXVIII, XXIX, XXX, XXXI.

Cette mosquée fut construite par le sultan mameluk *el Melec el Mouaïed aboun nasr el Mahmoudi* de la famille des *Daherites*. Elle fut commencée en 818 de l'hégire (1415 de J. C.), non loin de la porte Zouaïla, sur l'emplacement occupé par un bâtiment nommé *Khazanet chamail* où l'on renfermait les criminels. La raison de ce choix était celle-ci : l'émir *Mentach* ayant vaincu les mameluks, enferma *el Melec el Mouaïed* dans *Khazanet chamail*. Celui-ci fit vœu de construire sur le lieu même de ses souffrances, une mosquée, si Dieu le délivrait. La fortune s'étant déclarée contre ses adversaires, *Melec el Mouaïed* acquitta avec éclat les vœux faits en prison.

Le plan présente une grande cour carrée entourée de portiques à colonnes surmontées d'arcades à ogives. Trois côtés de ces portiques sont à double rang; le quatrième côté en a trois servant de nefs et formant le sanctuaire ou la mosquée proprement dite, à droite et à gauche de laquelle sont des tombeaux, disposition à peu près semblable à celle de la mosquée *Barkouk*.

Cet édifice est voisin de la porte d'un quartier où se trouve le bazar *el Soukarieh*. Attenant à la cour de la mosquée se trouve un bain public dont la disposition est ingénieuse.

La décoration de la mosquée est d'une grande richesse. Les plafonds en compartiments forment divers caissons ornés, peints et dorés. La vue du sanctuaire, planche XXVIII, donne une grande idée de la magnificence de la décoration intérieure des édifices publics compris dans cet ouvrage. On voit que non-seulement ils étaient destinés au service que les gardiens pouvaient remplir dans cet endroit, mais qu'ils étaient eux-mêmes comme autant d'édifices où les sultans, ou leurs émirs, donnaient des audiences et recevaient des étrangers.

Cette disposition pour les rapports des princes avec le peuple est très-ancienne dans tout l'Orient, et les mots *porte* ou *seuil* correspondent à ceux de tribunal, trône et autorité suprême.

Les planches XXIX et XXX présentent deux vues intéressantes : on y remarque des colonnes de différents marbres et de diverses grandeurs, enlevées à quelques édifices anciens; c'est ce que les relations des auteurs qui ont parlé de ces constructions n'ont pas manqué de faire observer.

On y voit des matériaux qui appartenaient évidemment à quelques édifices romains, comme les colonnes, les chapiteaux corinthiens, et cependant on croit apercevoir que les architectes arabes commençaient à employer ces détails antiques avec plus de goût; la plupart des chapiteaux et des stylobates sont assez bien en proportion avec l'arcade.

Ce mélange de richesse et de simplicité, de recherche et de naïveté, de soin dans certaines parties et de négligence dans d'autres, caractérise bien une architecture sans principes et sans système; et s'il y règne un ensemble, ce n'est assurément pas à l'art qu'il faut l'attribuer, c'est à l'abondance des matériaux de toute espèce que le sol d'Égypte, riche de tant de monuments, fournissait au goût constant des gouvernants pour les constructions.

Cette mosquée a trois minarets; l'un est à l'angle nord-ouest, et les deux autres à l'angle sud-est. Ceux-ci s'élèvent au-dessus de la porte du bazar *el Soukarièh*, et ont pour soubassement deux grandes tours dont les faces sont circulaires et en saillie à la porte. La première marche de ces deux minarets commence au niveau de la terrasse, d'où le muezzin monte aux galeries pour appeler les fidèles à la prière.

Au pourtour de la mosquée sont adossées des boutiques ou échoppes; le produit de leur loyer est affecté à l'entretien de la mosquée.

### MOSQUÉE DE KAÏTBAÏ. — PLANCHES XXXII, XXXIII, XXXIV, XXXV.

La mosquée de Kaïtbaï (1) est sans contredit le plus gracieux monument qu'il soit possible de voir. Son ensemble est complet; la porte d'entrée, le dôme et le minaret (voir la planche XXXII) sont d'une proportion agréable dans les formes, d'une recherche exquise dans les ornements, et d'une étude soignée dans la construction, qualités rarement réunies dans les édifices arabes.

Malgré la petitesse de cette mosquée, on doit la regarder comme le monument le plus parfait du Caire. La porte d'entrée est précédée d'une enceinte qui lui donne une apparence de cour de justice : à droite et à gauche sont des bancs qu'on couvre de tapis pour les principaux officiers; au fond, on reconnait la niche et le banc où étaient le sultan et son vizir; on arrivait à cette espèce de trône par plusieurs rangs de marches et entre plusieurs files de soldats.

A gauche, en entrant, est un *sebil*, ou lieu destiné à distribuer de l'eau; au-dessus, l'école pour les jeunes garçons; à droite, l'entrée de la mosquée, qui a une disposition semblable à celle d'*Hassan*, dont nous avons déjà parlé.

Ce qu'il y a de particulier, c'est que le milieu, qui forme un espace découvert, est ici formé par une construction légère en bois, non-seulement ornée avec goût, mais disposée de manière à laisser pénétrer la

(1) C'est le même *Kaïtbaï* qui a fait construire les deux principales portes et un minaret de la mosquée *El-Azhar*.

fraîcheur et le jour; on pourrait supposer que cette partie de la mosquée était originairement ouverte.

La planche XXXV représente la vue de cette partie couverte, et les deux planches XXXIII et XXXIV donnent deux coupes de cette mosquée. On doit y remarquer surtout l'arrangement intérieur de la mosquée et du tombeau (1), ainsi que la décoration intérieure et extérieure du dôme.

Le minaret, exécuté en pierre, est remarquable par sa proportion et sa richesse.

Cette mosquée, construite l'an 870 de l'hégire (1463 de J. C.), est située à l'est de la ville et hors des murs; elle est entièrement construite en pierre par assises réglées; le dôme est couvert d'un ingénieux compartiment sculpté dans la pierre. En un mot, cette mosquée peut être regardée comme le type le plus élégant de l'architecture arabe du XV^me siècle de notre ère.

## PARALLÈLE DES MINARETS. — PLANCHES XXXVI, XXXVII.

Ces deux feuilles présentent un parallèle fort curieux, sur une même échelle, des onze minarets les plus importants de la ville du Caire, remarquables soit par leur antiquité, soit par leur construction, leur décoration ou leur dimension.

Les minarets sont aux mosquées ce que les clochers sont à nos églises. Ces espèces de colonnes ou de tours ont plusieurs rangs de galeries qui servent à appeler à la prière cinq fois dans les 24 heures, par une formule consacrée et que nous avons rapportée plus haut (*voyez* page 11) (2).

La création des minarets date du premier siècle de l'hégire; mais dans les premières années l'appel à la prière se faisait à la Mecque du haut de la terrasse de la Caba. La place du minaret ne paraît pas avoir été fixée invariablement; cependant, il est toujours placé de manière que la voix ne rencontre point d'obstacle: c'est pourquoi on les trouve le plus souvent aux angles des mosquées, comme on le voit à la mosquée de Hassan, où les minarets placés aux angles accompagnent le dôme du tombeau.

Cet ensemble produit un grand effet du côté de la place où est située la façade extérieure de ce monument. Le sommet du minaret se termine souvent par une espèce de coupole qui, par sa forme, semble représenter la coiffure du prophète, comme on peut le voir dans les minarets de la mosquée de *Kalaoun*.

Les minarets sont illuminés les jours de fête. Indépendamment de la variété dans la forme et les ornements de ces parties de mosquées, la construction n'en est pas moins intéressante en ce sens qu'elle joint beaucoup d'élégance à la solidité. Les minarets sont quelquefois bâtis en pierre, souvent en briques revêtues de stuc.

## TEKIEH OU COUVENT DE DERVICHES. — PLANCHES XXXVIII, XXXIX, XL, XLI.

Il y a au Caire plusieurs tekiehs; le plus considérable et le mieux approprié à sa destination est celui de la rue *Habbaniieh*. La planche XXXVIII présente le plan et la coupe de ce couvent; il fut reconstruit l'an de l'hégire 1174, sous le règne du sultan *Sélim*, par *Moustapha aga*, son *vekil*.

Le plan offre à peu près les mêmes dispositions que les petits couvents des capucins que l'on rencontre souvent en Italie : une cour entourée de portiques avec des cellules; un petit oratoire et une infirmerie. La construction en est simple; les façades sont en pierre et bien appareillées. Sur la rue on trouve un exemple des boutiques du Caire. A l'angle du bâtiment qui donne sur un carrefour, il y a un *sebil* (fontaine publique) pour la distribution de l'eau; au-dessus une école pour les jeunes garçons du quartier.

Cette partie, de forme circulaire, est richement décorée par des grilles en bronze dorées, par des colonnes en marbre, et par des vitraux de couleur et des inscriptions.

Ce couvent ne sert qu'à donner asile aux derviches voyageurs. Ceux-ci ne reçoivent que la ration du pain et l'éclairage; ils vivent habituellement d'aumônes, et s'introduisent dans les maisons des riches aux heures des repas sans aucune invitation.

## OKEL KAÏTBAÏ. — PLANCHE XLII.

Cette planche représente la vue de la porte d'un okel appelé *Kaïtbaï*, qui pourrait être de la même époque que la mosquée du même nom, et dont nous avons parlé plus haut. En effet, la recherche qu'on voit dans sa construction et la décoration d'une simple porte d'entrepôt, l'élégance des claveaux, des plates-bandes des boutiques de la rue, indiquent un temps de magnificence que l'Égypte n'avait plus sous le sultan Sélim.

(1) Dans la salle du tombeau sont deux cubes de granit, l'un gris et l'autre rose. Sur le gris, on voit, s'il faut en croire la tradition reçue, l'empreinte des deux pieds du prophète; sur le rose, on voit l'empreinte d'un pied seulement. Ces deux cubes sont renfermés dans de petits monuments, l'un en bois, de forme pyramidale, sculpté et peint, et l'autre en marbre, surmonté de quatre petites colonnes qui portent une coupole en bronze ornée de ciselures dorées. On prétend que Kaïtbaï les apporta de la Mecque; on les plaça à côté de son tombeau, où ils sont visités et révérés par les pieux musulmans.

(2) Les *moueddins* ou *muezzins*, crieurs, sont pris ordinairement en Égypte parmi les aveugles; il y en a plus ou moins au service de chaque mosquée. Ce sont eux qui accompagnent les convois funèbres au cimetière; alors, ils reçoivent pour cette course cinq paras et deux pains payés par les héritiers du défunt.

L'intérieur de la cour de cet okel est en partie ruiné par défaut d'entretien, mais la façade sur la rue et la porte principale sont dans une complète conservation.

Cet okel est situé dans la rue au sud de la mosquée *El-Azhar.*

## OKEL ZOU-L-FIKAR. — PLANCHES XLIII, XLIV.

Les *okels* ou *oukails* sont, dans le Levant, de grands édifices destinés au commerce : il y en a eu au Caire plus de douze cents. C'est dans ces établissements publics qu'on reçoit les négociants étrangers. Dans l'intérieur de l'édifice on trouve une grande cour, au milieu de laquelle est construit un oratoire, et une fontaine; au pourtour, des vastes magasins qui sont admirablement voûtés, et à l'abri des incendies, si fréquents dans les villes construites en bois.

Chaque nation a son *okel* qui sert d'entrepôt pour les marchandises et les produits du pays.

La planche XLIII donne le plan des étages de la coupe et un détail de l'okel *Zou-l-fikar*, construit en 1079 de l'hégire (1692 de J. C.) par *Zou-l-fikar* surnommé le Grand.

La planche XLIV est la vue perspective de l'intérieur. Cet okel est réservé pour les marchandises et produits de l'Arabie.

Un portier, placé dans le porche de chaque okel, est chargé de veiller à la sûreté du lieu, de louer les magasins et les chambres, d'en toucher les termes; il est tenu d'en rendre compte au propriétaire.

## MAISON D'HABITATION. — PLANCHES XLV, XLVI.

Les maisons particulières ont ordinairement de deux à trois étages; celle qu'on a prise pour sujet de la planche XLV, établie dans le quartier *Hauch-Kada*, appartient à un riche négociant arabe.

Elle est élevée de trois étages sur rez-de-chaussée.

Le rez-de-chaussée est composé d'une cour, d'une pièce pour les étrangers, d'une grande salle fraîche pour l'été, de cuisine et dépendances. La porte d'entrée est gardée par un portier qui n'a d'autre logement que le vestibule. Il y a deux portes pour entrer de la cour dans la maison, l'une pour les hommes, l'autre pour les femmes.

Le premier étage est divisé en deux parties, où le maître reçoit les visites. Le second et le troisième sont destinés aux femmes. Au dernier étage se trouve toujours la salle de festin pour les femmes.

L'élégance dans la construction de cette maison est remarquable, surtout dans la pièce du rez-de-chaussée, destinée à servir de salon d'été. Au centre, une cour couverte par une coupole en bois et à jour, très-élevée, de manière que le soleil ne puisse pénétrer, et que l'air circule librement dans les ouvertures de la coupole; au-dessous est un bassin en marbre avec des eaux jaillissantes qui entretiennent la fraîcheur.

Les parties de la salle qui sont couvertes à droite et à gauche du bassin, sont moins élevées; les plafonds sont en bois peint et doré; les tablettes supportent des vases de porcelaine de la Chine. Les lambris en marbre et en bois précieux: les sophas couverts de riches étoffes, et le plancher garni de beaux tapis, annoncent le luxe et l'opulence d'un riche propriétaire.

La construction est en pierre de taille par assises réglées jusqu'à la hauteur du premier étage. Les murs supérieurs sont en briques reliées par des pièces de bois servant de tirants. Ces murs sont couverts en stuc intérieurement, de même que les ornements d'architecture.

Chaque étage est pavé en dalles de pierres tendres, et les terrasses revêtues d'un fort enduit fait de chaux, plâtre et de la cendre des fours. Des latrines commodes et propres se trouvent à chaque étage.

Toutes les maisons du Caire ont plus ou moins les mêmes dispositions, et sont décorées à l'intérieur suivant la fortune du propriétaire. Les portes d'entrée sont généralement peintes en rouge avec des bordures en blanc et des petits filets en noir, et portent souvent l'inscription : *Dieu, le Créateur, l'Éternel.*

## FAÇADE D'UNE MAISON. — PLANCHE XLVII.

Les maisons du Caire ne présentent aucune façade régulière.

La principale porte est ordinairement au centre ou vers l'une des extrémités de la façade. Les fenêtres, lorsqu'il y en a, ne sont pas espacées également, et sont, la plupart du temps, de différentes hauteurs et largeurs.

Il en existe quelques-unes régulières, mais le nombre en est peu considérable.

Celle représentée dans la planche XLVII est dans la rue *Tabkaneh.* La porte principale est au centre de la façade; au-dessus on trouve l'entre-sol réservé pour les hommes, et où les barreaux de grilles des fenêtres sont plus espacés l'un de l'autre.

Le premier étage a au centre un *mechrabiïeh* (balcon), et de chaque côté deux grandes fenêtres grillées et ornées de vitraux de couleur. Ce grillage est tellement serré qu'il est impossible d'apercevoir de la rue, lorsqu'une femme regarde au travers de ces grilles.

Les Arabes tiennent beaucoup à orner les *méchrabiïeh.* Il en existe de fort élégants par leurs compartiments de grillages, leurs sculptures et leurs vitraux de couleur.

Ceux dont la décoration est soignée se trouvent le plus souvent sur les façades des cours et des jardins.

### CASIN. — PLANCHES XLVIII, XLIX.

Ce fut le sultan *Melek el Naser Mohammed, fils de Kalaoun,* qui fit creuser, l'an 725 de l'hégire, le canal nommé *Khalidj el Naser*, ou canal de Naser. Ce canal traverse la ville du Caire sur toute sa longueur. A l'époque de l'inondation du Nil, qui a lieu du 10 au 20 août, on introduit les eaux de ce fleuve par la rupture d'une digue établie à l'entrée du canal, alors les habitants aisés de la capitale vont habiter, avec leurs familles, de petites maisons ou casins situés sur l'extrémité du canal et en dehors de la ville.

Ces casins sont agréables, ils sont ornés de petits jardins et de portiques pour prendre le frais. On y reste ordinairement jusqu'au mois de novembre; tous les soirs les hommes se réunissent avec leurs amis sous les kiosques garnis de treilles disposées sur le bord du canal, la plupart illuminés; on y fume et on y prend du café et des sorbets; souvent un Arabe, habile conteur, divertit les hôtes passagers de ces casins par les récits empruntés aux Mille et une Nuits, ou par les aventures des héros arabes. Les femmes font également leurs causeries au premier étage et à travers des balcons grillés.

La planche XLVIII donne le plan d'une de ces maisons et la disposition de quelques terrasses sur les bords du canal : on y trouve aussi une vue perspective où est indiquée la charpente faite pour abriter la cour de l'ardeur du soleil; dans le fond est la pièce de réception d'été.

Les fenêtres grillées indiquent le logement des femmes. Cette vue donne une idée très-juste de l'intérieur de ces habitations, où la fraîcheur des eaux et le parfum des plantes et des fleurs sont une des plus douces jouissances des Arabes.

La planche XLIX représente la vue générale d'une partie de ce canal, des canges (gondoles) élégantes où sont placées les femmes, se promenant sur le canal au son des instruments et aux chants des *aliméhs* ou musiciennes particulières à l'Égypte.

Les loges qui bordent les deux rives sont couvertes de vignes; les dattiers, les orangers, les citronniers et les bananiers rendent cet aspect encore plus riant et agréable.

### ABREUVOIR PUBLIC. — PLANCHES L, LI.

Chaque quartier du Caire a ses abreuvoirs publics.

Il y en a qui consistent en un seul bassin, d'autres ont une niche, une arcade, quelques-uns ont même un portique de plusieurs arcades.

L'abreuvoir représenté sur les planches L et LI fut bâti par un certain personnage nommé *Abd-er-rahman Kiaïa;* il se trouve dans le quartier *El-Souhar,* près *Bab-el-Tourbeh.*

Ces édifices ont également au-dessus du rez-de-chaussée une école primaire.

Leur décoration et leur construction sont semblables à celles des fontaines (sebil), à l'exception que celles-ci sont circulaires et les autres carrées.

### FONTAINE PUBLIQUE (SEBIL). — PLANCHE LII.

Le Caire, indépendamment du canal du Nil qui traverse la ville du sud au nord, a encore une infinité de citernes, dont plusieurs servent à distribuer de l'eau aux habitants des différents quartiers.

C'est pourquoi on a établi des édifices publics appelés *sebils* ou fontaines.

La planche LII en représente une qui fut construite par *Ismaïl-Bei* sur la place *Souk-el-Asr.*

Les fontaines comprises dans cet édifice sont composées d'une grande citerne qui se remplit pendant les hautes eaux du Nil. Ces édifices, presque toujours à l'angle des rues, d'un carrefour ou sur une place publique, ont une forme demi circulaire avec des arcades ornées de grilles, souvent fort riches, à travers lesquelles on distribue l'eau aux personnes qui viennent en demander. Derrière ces grilles se tient un *sakka,* porteur d'eau, qui donne à boire.

Au-dessus du rez-de-chaussée une école primaire pour les enfants du quartier (1); c'est une espèce de grande loge à jour, dont les arcades et les planchers sont soutenus par des colonnes isolées. Le soin qu'on met dans la construction et dans la décoration de ces édifices en fait un des principaux ornements de la ville. Les différentes combinaisons de matériaux qui y sont employés, tels que les pierres, le marbre et le bois, leur donnent un aspect élégant qui ne permet pas de les confondre avec les autres monuments.

(1) Dans ces écoles, un *fakih* ou *cheïkh* est chargé de l'enseignement primaire. Les parents des enfants lui donnent chaque semaine un modique salaire. Le mobilier de cette salle consiste en une petite armoire pour serrer les tablettes en bois peint sur lesquelles les élèves apprennent à tracer les caractères arabes ou écrivent leurs leçons. Les enfants sont accroupis sur des nattes. Le *cheïkh* s'assied sur un vieux tapis et tient à son côté le *korbasch* (nerf d'éléphant) avec lequel il corrige sur la plante des pieds ou sur le derrière ceux qui ont mérité le châtiment.

Les plus avancés servent de répétiteurs, comme dans nos écoles mutuelles; ils récitent leurs leçons à haute voix en psalmodiant et en imprimant à leurs corps un mouvement continuel.

## BAINS PUBLICS. — PLANCHE LIII.

Chaque quartier du Caire a ses bains publics. Ils sont nombreux et de différentes grandeurs. Le premier édifice de bains pour les musulmans fut construit par *Amr-ben-al-As*, à l'époque de la conquête; mais il était si petit, comparé aux bains des habitants du pays, qu'on l'appela bain des rats.

Les bains forment avec les mosquées, les caravanserails et les fontaines, le genre d'édifices que la libéralité des personnes riches se plait le plus à élever pour l'utilité générale. Celui de *Zambalièh*, situé près de *Bab-el-Cherich*, est surtout visité par les étrangers comme le plus grand, le plus propre et le plus riche. C'est celui qui a été mesuré et dessiné.

Les bains se composent généralement d'une entrée avec un vestibule où se tient le *moallim* ou inspecteur de bains, qui reçoit les objets de quelque valeur de la personne qui entre, tels que la bourse avec l'argent, la pipe, le sabre, si on en porte, et la montre. Dans la première salle, appelée *maslakh*, on quitte ses vêtements; autour de la salle règne une estrade garnie de matelas et de tapis.

La seconde salle est un peu chaude et voûtée; la troisième, ordinairement de forme octogone, est voûtée; au centre se trouve une pièce d'eau chaude établie sur une estrade; la température y est plus élevée. La quatrième salle, qui sert d'étuve, a un bassin de quatre pieds de profondeur dont l'eau s'élève à 40 degrés de chaleur, et dans lequel tombe de la voûte un filet d'eau qui entretient une vapeur chaude dans toute la salle. On passe ensuite dans une cinquième salle plus petite où sont les robinets d'eau tiède. C'est dans cette salle qu'on savonne et qu'on épile les baigneurs.

Après les diverses opérations que l'on a subies, on est reconduit dans la première salle, où l'on reprend ses vêtements. Les bains sont ordinairement construits en briques et plus ou moins riches. La distribution des eaux se fait au-dessus des terrasses.

*Détails pour les opérations d'un bain complet.*

Quand celui qui veut se baigner est déshabillé, on le couvre de deux serviettes, l'une entoure la ceinture et l'autre se met sur les épaules, puis on lui ajuste sur la tête une troisième serviette en forme de turban. Ainsi affublé, il passe dans la seconde salle peu chaude, ensuite dans la troisième; celle-ci est grande et de forme octogone; au centre est une vasque avec jet d'eau placée sur une estrade.

La température de cette salle est plus élevée que la précédente; alors on commence à enlever le turban et la serviette qui couvre les épaules, et on vous fait passer dans la quatrième salle où se trouve le bassin quadrangulaire de 4 pieds de profondeur. Ce bassin contient de l'eau de 40 degrés de chaleur. La salle est remplie de vapeur qui tombe de la voûte comme nous l'avons déjà dit.

Le garçon du bain vous étend alors sur le pavé en mosaïque, et commence le *massage* en appuyant les mains sur la poitrine, sur les bras, sur les cuisses, puis vous retourne sur le ventre, et passe les deux pouces sur la colonne vertébrale en appuyant fortement. Quand le massage est terminé, ce qui dure cinq minutes, on procède au décrassage, qui se fait en vous frottant avec un gant d'une étoffe de poil de chameau, semblable à de la bure; on enlève ainsi la crasse, qui se détache en petits filets. Cette opération, qui dure 15 minutes, achevée, on vous fait passer dans la cinquième salle : celle-ci est très-petite; on y trouve une auge en marbre avec deux robinets, l'un pour l'eau chaude, l'autre pour l'eau tiède. On ouvre convenablement ces robinets pour remplir l'auge d'une eau à la température que l'on désire, puis un autre garçon fait mousser du savon dans un plat de cuivre étamé, en l'agitant avec de l'eau et une espèce d'éponge faite de filaments de dattier d'Arabie très-soyeux; quand il y a beaucoup de mousse, l'on vous en couvre de la tête aux pieds, on frotte, et on jette l'eau tempérée de l'auge sur tout le corps : c'est aussi dans cette pièce qu'on se frotte avant d'être savonné d'une pommade épilatoire.

Le bain est alors terminé; il ne reste plus que le dernier massage, et le *keif* qui termine le bain.

Après vous avoir essuyé on vous remet de nouvelles serviettes, et, pour vous reconduire au lit de la première salle, on vous fait repasser lentement dans les troisième et deuxième salles. Le lit placé dans la première salle est composé d'un petit matelas de deux pouces d'épaisseur, et d'une natte placée sur le carrelage de l'estrade qui règne autour de cette salle : là on vous couche, on vous couvre de nouvelles serviettes, puis de jeunes garçons, destinés à plusieurs usages, viennent vous faire craquer les doigts des pieds et des mains, et, sous prétexte de vous sécher, passent les mains sur toutes les parties du corps d'une manière très-indécente. Avec une pierre d'une espèce particulière ou avec une brique on use les callosités des pieds. On coupe les cors, etc., etc.; puis vient le masseur en chef, qui vous fait craquer le cou, les cuisses, les genoux, les cous-de-pied, les bras et les reins, opération fort du goût des Orientaux, mais qui est très-pénible pour les Européens, surtout pour ceux qui y sont soumis pour la première fois.

Le massage fini, on se repose, on prend du café ou du sorbet, on cause avec son voisin. On entend un conteur arabe reprendre le fil de la narration d'une histoire qu'il a commencée il y a plusieurs jours, et que sa verve féconde n'est pas prête à laisser finir.

Un bain complet avec toutes les opérations qui en font partie coûte 25 sous à un Européen et sept sous (une piastre) à un Turc ou à un Arabe.

Quand une personne riche va au bain, il est d'usage et de point d'honneur de payer largement.

Il n'y a pas de bains affectés spécialement aux femmes, mais les hommes sont exclus des bains, quand les femmes y sont, ce qui se reconnaît à un tapis ou autre étoffe qu'on tend à la porte en forme de rideau; malheur à l'imprudent qui chercherait à y pénétrer.

Il est ordinairement d'usage que les bains soient ouverts aux hommes toute la matinée jusqu'à midi; et deux heures après jusqu'au soir ils sont ouverts pour les femmes. Quand les femmes, surtout celles qui sont riches, vont au bain, elles s'y font accompagner par leurs femmes esclaves pour se faire essuyer, masser, frictionner et épiler, elles payent alors de 5 à 6 parats. C'est pour ces femmes une partie de plaisir, elles s'y réunissent en grand nombre, se racontent les aventures de leurs ménages et engagent des conversations qui finissent par être très-bruyantes. C'est encore ici que les mères et les parents cherchent des épouses pour leurs fils et leurs cousins.

Plus que dans aucun pays, les bains sont au Caire un lieu de débauche pour les hommes. Le maître des bains a soin de choisir pour le service des jeunes garçons d'une figure féminine, qui par leurs complaisances ne font qu'alimenter la lubricité des Orientaux.

En été les Arabes et les Turcs se baignent presque chaque jour; en hiver ils ne vont au bain que pour se purifier conformément aux prescriptions de leur code religieux dans le cas d'impureté, résultant par exemple de la cohabitation avec leurs femmes. Alors ils se contentent de se tremper dans le bassin d'eau de 40 degrés de chaleur sans passer par les opérations du décrassage, massage, etc., etc.

Aux bains on trouve des barbiers qui pansent les plaies, qui posent les vésicatoires ou appliquent sur le corps une pommade qui guérit radicalement les galeux en deux ou trois jours.

Les bains sont dallés en marbre de couleurs et ornés de mosaïque; comme le sol est toujours humide et très-glissant, on donne aux baigneurs une espèce de sabots appelés *capcap*, nom tiré du bruit qu'ils font en frappant sur le pavé. Ces *capcaps* sont fixés aux pieds par une courroie semblable à celle qui tient les sandales.

### BOUTIQUE D'UN BARBIER. — PLANCHE LIV.

Chaque quartier de la ville a un grand nombre de boutiques de barbier. La plupart sont simples dans leurs décorations. Celle que nous avons représentée sur la planche LIV se distingue de toutes les autres par l'ensemble de ses détails et par un travail élégant de menuiserie, où tout, jusqu'à la trousse de rasoirs et de miroirs, est fait avec beaucoup de goût.

Cette boutique est située dans le quartier franc près le *Kantarat-el-djedideh*.

L'étendue de cette boutique est très-exiguë, sa largeur n'a que deux mètres cinquante centimètres sur cinq mètres de profondeur. Au fond de la boutique on trouve un balcon vitré avec son divan en saillie sur le *khalidj*. Le plafond est un lambris en bois sur toute la surface de la boutique divisé en compartiments formant caissons. La construction de cette boutique date du XVIIIe siècle.

La planche LIV donne une vue du développement de cette boutique.

### PORTES *BAB-EL-NASR* ET *BAB-EL-FOTOUH*. — PLANCHES LV, LVI, LVII.

La ville du Caire compte 60 portes plus ou moins grandes; les deux plus importantes sont au nord de la ville; leur fondation remonte au caliphe fatimite *Mostanser-Billah;* elles furent bâties par le visir *Berd-Gemali* au XIe siècle de J. C.

La position de ces deux portes semble avoir été prise pour flanquer la mosquée *Al-Hakem*. Cette mosquée est maintenant en ruine, mais son minaret existe encore avec quelques pans de murs et quelques arcades.

La planche LV représente la façade principale de *Bab-el-nasr* (porte du Secours) avec deux tours carrées. Le monument est d'un caractère ferme, orné d'écussons et de boucliers, d'une corniche à modillons et d'une inscription coufique sur toute la longueur de la frise, dont l'exécution est d'un ciseau pur et sévère. Celle que l'on voit sous les planches LVI et LVII, située à peu de distance de la précédente, s'appelle *Bac-el-fotouh* (porte de la Victoire): elle est flanquée de deux tours rondes. La disposition des masses et le rapport des parties sont moins bien que celle de *Bab-el-nasr;* cependant elle a du caractère dans son ensemble et par la richesse de ses modillons et par sa grande voussure avec caissons et rosaces qui sont correctement sculptés.

Leur construction est en pierre de taille par assises réglées, les plates-bandes à décharge sont crochetées et appareillées avec le plus grand soin.

### AQUEDUC DE LA CITADELLE. — PLANCHE LVIII.

L'aqueduc qui conduit l'eau du Nil à la Citadelle a sa prise sur la branche du Nil qui sépare le vieux Caire de l'île de *Raoudah*.

Cette prise d'eau est établie dans une grande tour hexagone d'une construction solide. Au centre est une citerne circulaire qui communique avec le Nil par un canal souterrain.

Au rez-de-chaussée de ce bâtiment sont diverses salles servant d'écuries et de greniers à fourrage.

Le premier et le deuxième étage servent de chambres à loger 130 hommes.

Il y eut pendant bien des années un fort piquet de soldats pour protéger la prise d'eau en temps de guerre ou d'insurrection.

Les Français en avaient fait aussi à l'époque de l'expédition un poste militaire, et y avaient placé quelques pièces d'artillerie.

Cette construction se termine par une plate-forme où sont les six *sakièh* ou manéges, mus chacun par deux bœufs, qui élèvent l'eau d'une profondeur de 25 mètres par un chapelet à pots de terre cuite.

Au centre de cette plate-forme est un grand bassin ou réservoir hexagone, où se réunit l'eau élevée par chaque manége, et d'où elle s'écoule dans l'aqueduc.

Cet étage a deux écuries pour 24 bœufs, deux petites chambres pour les gardiens et une pièce pour le fourrage; les bœufs y arrivent par une rampe douce.

L'aqueduc se dirige vers la citadelle sur une longueur de 3,200 mètres en zigzag jusqu'à la porte *Bab-el-Karaf.* A cette distance on trouve un bâtiment hexagone semblable à celui de la prise qui élève l'eau dans un réservoir à 20 mètres au-dessus de l'aqueduc.

Cette eau se dirige encore par un aqueduc peu élevé de 320 mètres de longueur jusqu'un peu au delà de la porte *Bab-el-Aras*, où est construit un troisième bâtiment hexagone semblable aux précédents, qui élève également l'eau à 20 mètres; de ce point l'eau est reçue dans un canal de 300 mètres de longueur, creusé dans la roche calcaire jusque sous le point le plus culminant de la citadelle, où l'on trouve une autre plate-forme avec six *sakièh,* qui élèvent l'eau de 22 mètres de profondeur pour la distribuer dans les différents bâtiments de la citadelle.

Le volume d'eau peut être évalué à quatre pouces de fontainier par minute.

Toute cette construction est en pierre calcaire par assises réglées, posées sur une couche de ciment. Elle date du XIIe siècle de notre ère.

La hauteur totale de ces quatre réservoirs est de 85 mètres (255 pieds) au-dessus des basses eaux du Nil.

## PUITS DE LA CITADELLE NOMMÉ PUITS DE JOSEPH. — PLANCHE LIX.

Ce puits, que les Orientaux comptent au nombre des choses dignes d'admiration, est appelé du nom du célèbre prince aïoubite *Salah-ed-din-Jousouf*, connu chez nous sous le nom de *Saladin.* Il ordonna à *Karakouch,* un de ses émirs, gouverneur du Caire, de construire dans la citadelle un puits pour les besoins de cette place.

L'eau de ce puits est un peu saumâtre; les écrivains arabes font observer cependant qu'elle était d'abord douce et très-agréable à boire, et qu'elle n'a pris le goût un peu salé que lorsqu'on donna au puits plus de profondeur. Elle suit, du reste, l'élévation et l'abaissement des eaux du Nil; dans ce dernier état elle est moins saumâtre.

Ce puits est composé de deux étages. Des bœufs placés en haut font monter l'eau en tournant, et l'élèvent du réservoir qui est à la moitié de la profondeur du puits. A la hauteur de ce réservoir sont d'autres bœufs qui, en tournant, élèvent l'eau du fond du puits jusqu'au réservoir.

La profondeur totale de ce puits est de 88 mètres 30 centimètres (271 pieds).

L'étage inférieur a 40 mètres de profondeur sur 3 mètres 40 centimètres de largeur, et 4 mètres 40 centimètres de longueur : un escalier en rampe de 85 centimètres de largeur permet de descendre jusqu'au niveau de l'eau, mais non sans danger, parce qu'il n'y a ni parapet ni garde-fou, et les marches sont constamment humides et glissantes.

Cet étage est couvert par un plancher en bois et fait une plate-forme, où se trouve une *sakièh* ou roue à chapelets et à pots de terre, mue par un bœuf, qui verse l'eau dans le réservoir. A cet étage se trouve une écurie pour deux bœufs et une pièce voûtée où l'on serre le fourrage. Un gardien habite, avec les bœufs, cet étage qui ne reçoit du jour que de l'ouverture supérieure du puits.

L'étage au-dessus a 48 mètres 30 centimètres de hauteur, 5 mètres de largeur et 7 mètres 80 centimètres de longueur. L'on y descend par un chemin de ronde et en rampe douce de 2 mètres 10 centimètres de largeur; elle est séparée de l'ouverture du puits par une cloison de 30 centimètres d'épaisseur, percée d'ouvertures en forme de fenêtres demi-circulaires qui servent à éclairer cette descente. Les marches sont larges et peu élevées, en sorte que les bœufs peuvent facilement monter et descendre.

A la partie supérieure de cet étage, qui est un des points culminants de la citadelle, se trouve la *sakieh* mue par un bœuf, qui élève l'eau du réservoir inférieur dans une auge, d'où elle se distribue facilement dans les divers bâtiments de la citadelle.

Le volume de cette eau peut être estimé à un demi-pouce de fontainier par minute.

Cette partie supérieure est construite en pierre calcaire par assises réglées jusqu'à 13 mètres 50 centimètres de profondeur; le restant de cet étage ainsi que l'étage inférieur a été creusé dans le roc calcaire parfaitement bien taillé.

Il est remarquable que le chemin de ronde de l'étage supérieur ait été refouillé et taillé dans le roc, en conservant l'épaisseur des cloisons de 30 centimètres.

MEQYAS OU NILOMÈTRE DE L'ILE DE RAOUDHA. — PLANCHE LX.

L'île de *Raoudha* a été ainsi appelée à cause de sa fertilité; ce nom veut dire en arabe : *parterre de fleurs, jardin.*

De tout temps on y construisait des maisons de plaisance et des jardins. On y trouve maintenant une belle poudrière construite en 1820 par M. Coste. Cette poudrière comprend de vastes corps de bâtiments isolés, placés autour d'une grande cour demi-circulaire, au centre de laquelle sont des bassins et réservoirs d'eau.

Il y a six moulins à manège de vingt pilons et autant de mortiers. D'autres bâtiments, entièrement séparés de ceux-ci, servent de dépendances et de logement.

Près de là, à la pointe sud de l'île, se trouve le *meqyas* ou nilomètre. C'est un puits ou citerne carrée, au milieu de laquelle s'élève une colonne hexagone en marbre, divisée dans sa hauteur en coudées et pouces. Les murs sont intérieurement ornés de niches avec des colonnes supportant des arcades ogives, ainsi que des bandeaux ornés et des inscriptions.

Le *meqyas*, mot qui veut dire *instrument pour mesurer*, sert, comme l'on sait, à mesurer les eaux du Nil pendant sa crue, et à faire juger d'avance si l'inondation sera favorable ou non à l'agriculture.

L'institution des *meqyas* remonte sans doute aux temps les plus anciens de l'Égypte, et il y en eut dans plusieurs endroits du pays. Depuis la conquête des Arabes, *Amr-ben-Alas* en a construit un à *Holouan*.

Celui qui nous occupe, le *meqyas* de *Raoudha*, fut construit par ordre de *Soleiman*, calife de la famille des *Ommiades*, en 97 de l'hégire. *Asamah* gouvernait alors l'Égypte au nom de ce calife, et la colonne que l'on voit aujourd'hui doit être celle qui fut élevée à cette époque, bien que plus d'une fois on eût été obligé de la réparer ou de la relever.

L'an 199 de l'hégire (814 de J. C.), le calife abbasside *Mamoun* fit reconstruire l'édifice. Les inscriptions placées dans l'intérieur au-dessus du canal souterrain, et les deux inscriptions de la frise du côté oriental et du côté septentrional, sont de cette époque.

En 233 de l'hégire, il fut encore réparé. Les inscriptions de la frise intérieure du bassin, du côté méridional et du côté occidental, sont du même temps.

Cent cinquante ans après sa fondation, c'est-à-dire en 247 de l'hégire, le *meqyas* fut encore réparé par ordre du calife abbasside *Motew-akkel*, et fut appelé le nouveau nilomètre. Ce même calife ôta aux chrétiens la charge qui leur était réservée jusqu'alors de mesurer la crue du Nil, et la donna comme héréditaire à la famille d'*Abou-Raddad*.

Au nombre des devoirs de cette charge était aussi l'onction du nilomètre, qui consistait à répandre des parfums sur la colonne au moment où l'on ouvrait le canal pour connaître la crue.

Ce fut alors que, pour maintenir la colonne, on mit au sommet une poutre horizontalement placée, et dont les deux extrémités étaient scellées dans les murs oriental et occidental du bassin.

Le calife *Mostanser-Billah* fit faire de grandes réparations au *meqyas* en 485 de l'hégire (1092 de J. C.). Il le fit mettre dans l'état où on le voyait avant l'expédition de l'Égypte. Il était couvert d'un dôme soutenu par des colonnes, et fut détruit lors de l'expédition par les mameluks.

Ce même calife avait fait construire près de là une mosquée appelée la *mosquée du Meqyas*. L'an 761 de l'hégire (1360 de J. C.), le Nil crut d'environ 24 coudées, c'est-à-dire 8 coudées au delà du minimum de la crue nécessaire. *El-Melek-el-Naser-Hasan*, petit-fils de *Kalaoun*, ordonna qu'on cessât de proclamer la crue du Nil, pour ne pas effrayer le peuple par la probabilité d'une inondation.

Les restaurations faites depuis cette époque ne sont pas assez importantes pour être rapportées avec détail. En 1214 de l'hégire (1799 de notre ère), époque de l'expédition française, un corps de mameluks s'établit dans le *meqyas* et en forma une citadelle. Après une défense opiniâtre, ils en furent chassés, mais la coupole qui couvrait le *meqyas*, la mosquée et le palais furent totalement détruits. Il ne reste maintenant que la colonne hexagone avec son enceinte, ses inscriptions coufiques et quelques pans de murs du palais et de la mosquée qui servent actuellement aux bâtiments dépendants de la poudrière.

Les ingénieurs français y élevèrent un petit portique à l'entrée extérieure du *meqyas*; l'on y voit encore une table de marbre placée au-dessus de la porte, sur laquelle est gravée une inscription en arabe et en français constatant l'époque de cette restauration.

MOSQUÉE DE MIR-AKHOR ET CELLE D'IBRAHIM-AGA. — PLANCHE LXI.

La première mosquée que l'on voit à droite dans cette vue, avec sa riche coupole et son élégant minaret sur la rue *Khourbarieh*, est celle des *Mir-Akhor*, construite en 740 de l'hégire (1360 de J. C.).

La seconde mosquée à droite est celle d'*Ibrahim-Aga*, bâtie en 750 de l'hégire (1370 de J. C.).

RUINES D'UNE MOSQUÉE DANS LE CIMETIÈRE DE *SITT-EN-NEFISA*. — PLANCHE LXII.

La vue de cette planche représente les ruines d'une mosquée, dont l'époque est présumée être du IX$^{e}$ au X$^{e}$ siècle de notre ère. Son état de vétusté et sa couleur noire, enfumée, indique qu'elle a été la proie des flammes lors de l'expédition française.

Son minaret, qui est resté debout, construit en briques, a du caractère par la disposition des lignes des divers étages.

Le cimetière de *Sitt-en-Nefisa* tire son nom de la mosquée ou plutôt de l'oratoire consacré à la mémoire de *Nefisa*, qui était fille d'*Abou-Mohammed-Hasan*, descendant du calife *Ali*.

Les musulmans pieux donnent le nom de *mechhed*, lieu de martyre, à tout tombeau et mausolée où reposent les dépouilles mortelles d'un membre de la famille d'*Ali*.

Cette dame était renommée par sa piété et ses vertus : on lui attribue même beaucoup de miracles.

Lorsque l'imam *Chafei*, un des fondateurs de quatre rites orthodoxes, vint en Égypte, il alla lui rendre visite; quelque temps après, l'imam étant mort, on porta son cercueil dans la maison de *Nefisa*, et elle fit la prière sur son corps.

Cette maison était au même lieu où est aujourd'hui l'oratoire élevé sur son tombeau. Elle mourut en 208 de l'hégire (823 de J. C.); son mari voulait faire transporter son corps à *Médine*, mais les Égyptiens obtinrent de lui à force d'instances, qu'il renonçât à ce projet.

Les musulmans font des pèlerinages à ce lieu, et croient que les prières qu'on y fait à Dieu sont infailliblement exaucées.

## TOMBEAUX AU NORD-EST DE LA VILLE. — PLANCHE LXIII.

Les tombeaux construits avec luxe par les califes *Fatimites* et *Aioubites* sont au nord-est de la ville du Caire.

Ils sont remarquables par l'élégance de leurs dômes et leur solide construction en pierre calcaire par assises réglées. Quelques-uns ont aussi leurs mosquées adhérentes, où de sveltes minarets se groupent avec les dômes.

Depuis bien des années ces tombeaux ne sont plus entretenus, et sont peu fréquentés par les vrais croyants; plusieurs se sont écroulés en partie, et servent maintenant de retraite à des Arabes du désert et à des marabouts errants.

La planche LXIII représente quelques-uns de ces tombeaux.

## TOMBEAUX AU SUD DE LA VILLE. — PLANCHE LXIV.

Dans le cimetière de l'*Imam*, au sud de la ville du Caire, on trouve un long bâtiment à un seul étage avec arcades, richement orné, construit sous la dynastie des Mameluks, près le grand dôme de l'imam *Chafei*.

Mohammed-Ali-Pacha, vice-roi d'Égypte, fit placer dans ce long bâtiment les tombeaux de ses enfants et ceux de ses parents décédés depuis qu'il gouverne l'Égypte.

La planche LXIV représente la vue de ces tombeaux.

Le premier que l'on voit à droite, le plus riche et d'une plus grande dimension, est celui de son fils *Toussoun-Pacha*, mort de la peste au retour de son expédition de Hedjaz (Arabie Déserte). Dans ceux à gauche sont déposés les garçons et les filles du vice-roi morts en bas âge. Ceux de derrière appartiennent à *Moustapha-Beï*, son beau-père, et à ses enfants. Dans les derniers se trouvent plusieurs femmes du pacha.

Ces tombeaux sont tous en marbre blanc; les ornements et les inscriptions sont peints et dorés. Ils ont été exécutés par des sculpteurs grecs et arméniens de Constantinople.

Nous ferons ici une remarque générale relative aux tombeaux.

Mahomet a défendu expressément d'enterrer les morts dans un autre pays que celui où le défunt a cessé de vivre; aussi on enterre les hommes morts à la guerre sur le champ de bataille même. Il a en outre défendu d'inscrire sur les tombeaux, soit le nom de Dieu, soit les paroles du Coran.

Quand un tombeau renferme des individus de la même famille, mais d'un sexe différent, on sépare l'encaissement de chaque tombe par un compartiment: car les idées des musulmans, relatives à la séparation des deux sexes, ne se bornent pas à la vie de ce monde : il est même interdit aux hommes de visiter les tombeaux des femmes d'une autre famille. Les hommes qui visitent les tombeaux du prophète et de ses compagnons à *Médine* ne peuvent point entrer dans les caveaux qui contiennent les restes des épouses de Mahomet, qui se trouvent à quelques pas des premiers. On a soin de donner à la tombe d'un homme mort autant d'étendue que possible, parce que, conformément aux idées religieuses des mahométans, chaque homme doit recevoir dans son tombeau la visite de deux anges, placés à droite et à gauche, et chargés de lui faire subir un interrogatoire sur les actions de sa vie.

## FONTAINE ET KIOSQUES DU JARDIN DE *CHOUBRA*. — PLANCHE LXV.

Mohammed-Ali-Pacha, vice-roi d'Égypte, fit construire en 1826, dans le jardin de sa maison de plaisance de *Choubra*, situé à une heure au nord du Caire, une grande fontaine qui fait l'admiration des Orientaux. Cette fontaine est au centre d'un grand bassin entouré d'une balustrade ornée de vases, d'une colonnade et de quatre grands pavillons ou kiosques placés aux axes du bassin, le tout construit en marbre de Carrare. Toute la partie au-dessus des colonnes se trouve construite en bois et plâtre, et les plafonds peints et dorés.

La planche LXV offre une vue de cette fontaine; quoiqu'elle présente un effet théâtral, elle donne une idée suffisante du mauvais goût de l'architecture actuelle des Orientaux et des artistes grecs d'aujourd'hui qui ont dirigé cette construction.

Tous les palais et autres édifices que le pacha a fait construire, tant au Caire qu'à Alexandrie, sont de ce style. Des architectes turcs et grecs sont chargés de diriger ces travaux : l'exécution se fait sans plans et sans avoir une pensée arrêtée; tout se fait idéalement et par routine. Les premières notions de géométrie et de calcul sont les seules connaissances de ces architectes.

VILLE D'ALEXANDRIE. — PLANCHE LXVI.

Alexandrie a éprouvé bien des vicissitudes et subi bien des changements. Après avoir été bâtie par les Ptolémées, reconstruite par les Romains, elle fut soumise plus tard à la domination des califes; enfin elle devint tributaire des Turcs.

La ville actuelle est toute moderne; elle a été construite par les Turcs sur le terrain bas formé par les atterrissements qui séparent la presqu'île de Pharos de l'enceinte des Ptolémées et des Arabes, entre les ports vieux et neuf.

L'enceinte dite des Arabes ne conserve aucun monument de l'époque des premiers califes, ni de la dynastie des Mameluks. Cette grande étendue, de 2,430,000 mètres carrés, ne présente en ce moment que des monticules et des amas de décombres; plusieurs grandes citernes encore bien conservées, et beaucoup de débris de fragments de marbres, de poteries, etc., de mosquées ruinées, quelques monastères et quelques villages. On y voit plusieurs jardins plantés de palmiers, et on y rencontre des ouvriers occupés à fouiller et bouleverser le terrain pour arracher les pierres des anciennes fondations, qui servent à bâtir ou à faire de la chaux.

Quelques grosses tours arabes s'élèvent çà et là, ainsi que quelques pans de murs qui ont été restaurés et recrépis à la chaux par ordre de Mohammed-Ali-Pacha, pendant les premières années de son règne (en 1808).

La ville d'Alexandrie n'avait en 1818 que 681,200 mètres de superficie, mais, depuis la construction de l'arsenal (en 1830), elle s'est étendue dans l'enceinte des Arabes; son agrandissement marche à la suite des progrès que le vice-roi, par son système de civilisation, fait faire à l'Égypte.

Quant à la ville des Ptolémées, il n'existe de leur puissance que les deux obélisques connus sous le nom d'aiguilles de Cléopâtre, et de la domination des Romains il ne reste que la colonne dite de Pompée.

Cette planche LXVI contient plusieurs mosquées; elles ont toutes peu d'importance. La plus grande est construite sur les voûtes d'un établissement, dont le rez-de-chaussée sert d'entrepôt de marchandises, et est entourée d'un bazar pour les petites boutiques de marchands.

La mosquée *Abd-el-latif* se trouve au centre de la ville.

Celle qui a un portique sur ses faces latérales est établie près le port neuf. Celle des deux dattiers était construite sur l'ancienne esplanade; si elle existe encore, elle doit être entourée de constructions modernes établies à la suite du quartier franc.

La mosquée *Abou-Dinian* est au centre de l'enceinte des Arabes. Le petit okel est bâti près le port neuf.

Toutes ces constructions sont en briques cuites, posées sur une bonne couche de mortier de chaux et sable de 5 millimètres d'épaisseur. Les murs sont reliés à chaque mètre de hauteur par des châssis ou cadres en bois de l'épaisseur d'une brique, qui servent de tirants et consolident les murs. Les briques sont tirées de Rosette; c'est dans la basse Égypte que ces matériaux sont le mieux fabriqués. Elles ont les pores plus serrés et la brique est bien équarrie. Leur dimension est de 15 centimètres de long, 9 centimètres de large et 7 centimètres d'épaisseur.

Le mortier à la chaux se fait de trois manières.

Le premier, pour les fondations, est composé d'une partie de chaux vive et maigre, et d'une partie de sable de mine.

Le sable est pris hors la porte dite de Rosette et près les jardins de *Ramlèh*. Ce mortier devient très-dur et très-solide pour les fondations et les citernes.

Le second est employé depuis l'arrasement des fondations jusqu'au niveau du sol du premier étage; il se compose d'une partie de chaux éteinte et deux de sable, mais le sable est d'une qualité moins pure.

Le troisième est fait d'une partie de chaux éteinte, une partie de sable et une partie de cendre des fours. Ce mortier est employé à toutes les constructions au-dessus du premier étage.

La chaux est faite avec les débris des anciennes ruines, de pierre ou de marbre; généralement les murs de fondements et ceux jusqu'au plancher du premier étage sont d'ordinaire construits avec les débris de ruines. Pour les parties supérieures, on emploie toujours les briques cuites.

Les maisons sont généralement couvertes en terrasses; vers le centre on conserve une petite élévation de 15 à 20 centimètres pour faciliter l'écoulement des eaux vers les murs de façade; ces eaux sont reçues dans une espèce de gouttière en bois. Ces terrasses sont composées de solives et de planches sur lesquelles on applique une couche de mortier de la troisième qualité, ensuite on pose un rang de briques jointives sur lesquelles on met une forte couche de mortier avec de la chaux éteinte, de la cendre de four et de plâtre. Ce mélange durcit et empêche les filtrations d'eau.

Le carrelage intérieur des étages est en dalles de *Malte* ou du *Caire*, dites *balattes*. C'est une pierre tendre, d'un grain fin, que l'on débite à la scie, de 4, 5 et 10 centimètres d'épaisseur. Celles de Malte ont de 50 à 70 centimètres au carré; celles du Caire n'ont ordinairement que 25 centimètres de large sur 50 centimètres à 1 mètre de long. On les pose sur une aire de mortier et de plâtre.

Les enduits intérieurs sont généralement bons et solides; ils sont faits avec de la chaux éteinte, du plâtre blanc mélangé avec du fil de chanvre haché en petites parties.

Les planchers sont construits en bois de sapin de Trieste ou de la Caramanie, par petites poutrelles de 15 à 20 centimètres de hauteur, et 10 à 15 centimètres d'épaisseur, espacées de 30 à 35 centimètres d'axe en axe, sur lesquelles on cloue des planches jointives de 3 centimètres d'épaisseur; ensuite on applique le carrelage.

Les plafonds sont quelquefois peints en détrempe, avec des filets rouges et bleus.

Les serrures et les clefs de fermeture de portes sont généralement en bois, et ces portes sont construites en planches verticales simples, fixées par deux ou trois traverses et maintenues aux murs par une tige en bois rond à une des extrémités, retenue au haut et au bas du tableau ou évasement, et roulant sur pivots. On conserve dans la partie supérieure le vide nécessaire pour la reculée quand on veut enlever la fermeture.

Il n'est point dans les habitudes du pays de passer plusieurs couches d'impression à l'huile sur la menuiserie à l'intérieur; il arrive quelquefois qu'on se permet quelques filets rouges ou bleus sur le parement intérieur des portes.

Les ouvriers arabes ne se servent généralement que de mauvais outils, et encore en ont-ils en petite quantité; ils ne font usage ni de l'équerre ni du niveau, tout se fait à vue d'œil; aussi les travaux se ressentent-ils de cette négligence. Cependant l'Arabe indigène égyptien ne manque pas d'intelligence et de docilité pour apprendre tous les arts manuels avec quelque succès. Dans les divers ateliers que j'avais organisés à Alexandrie, au Caire et dans les provinces, j'avais fait adopter l'équerre, le niveau triangulaire, la règle, le plomb à fil, le cordeau et le rabot à broyer le mortier, et les autres outils usités en Europe. Ils parvinrent en peu de temps à s'en servir et à s'y habituer; mais ils les abandonnaient dès qu'ils étaient commandés par des employés turcs, ennemis naturels de toute innovation. Par la suite, la persévérance du pacha fit taire les ignorants et facilita l'introduction des progrès dans toutes les classes de l'industrie arabe. Maintenant les indigènes se servent des mêmes outils et des mêmes instruments qu'en France.

Dans les grands travaux du gouvernement, les ouvriers sont divisés par escouades, ainsi que les manœuvres. Un chef ouvrier a habituellement sous sa surveillance environ huit ou dix maçons; ces ouvriers travaillent toujours par couple et sont servis par douze manœuvres ainsi, dix maçons emploient soixante manœuvres, composés de filles et garçons de 8 à 14 ans : c'est un spectacle curieux de voir ces enfants marcher par escouades, les jambes et les pieds nus, leurs blouses ou chemises retroussées et ceintes autour des reins, tachés de plâtre, de chaux et de poussière, portant chacun une pierre, du mortier dans de petites auges, de la chaux, des briques ou de la terre dans des couffes posées sur leurs têtes, marcher en chantant une sorte de cantilène cadencée, et battant des mains pour marquer le pas et la mesure. Ils sont conduits par un piqueur armé d'un fouet pour activer les retardataires. Il se trouve quelquefois en tête de ces escouades un joueur de *zoumarah* (espèce de chalumeau formé de roseaux du Nil), qui accompagne le chant en tortillant son corps et en marquant les mouvements de la cadence (1).

(1) *Prix payés par le gouvernement du Pacha jusqu'en* 1827.

| | PIASTRES. | PARAS. | FRANCS. | CENTIMES. |
|---|---|---|---|---|
| La journée du maître maçon se paye.... ...... | 4 | » | 1 | 60 |
| Celle de l'ouvrier maçon.......................... | 2 | » | » | 80 |
| Celle du terrassier.................................. | » | 20 | » | 20 |
| Celle des manœuvres, de filles ou garçons indifféremment, de 12 à 14 ans...................... | » | 15 | » | 15 |
| Celle des manœuvres au-dessous de 12 ans....... | » | 10 | » | 10 |
| La journée d'un chameau.......................... | 1 | » | » | 40 |
| Celle d'un âne ou bourrique............... ... | » | 20 | » | 20 |
| Lorsque les ouvriers travaillent pour le compte des Européens, leur paye est double. | | | | |
| Les matériaux exploités par le gouvernement sont : | | | | |
| Les dalles dites balattes, tirées des carrières du Mokatam; l'une rendue à Alexandrie................. | » | 24 | » | 24 |
| *Idem*, rendue au Caire............................ | » | 12 | » | 12 |
| La chaux vive ou éteinte, les 1/100 kilog......... | 10 | » | 4 | » |
| Les pierres moellons pour maçonnerie, compris extraction et transport, le mètre cube............. | 3 | » | 1 | 20 |
| La pierre de taille du Mokatam, d'échantillon de 90 centimètres de long, 40 de large et 35 d'épaisseur, compris le transport, la taille des lits, joints et redressement au marteau des faces seulement, le mètre cube. | 35 | » | 14 | » |
| Les carrières à plâtre du Caire sont établies sur la rive droite du Nil, à 5 lieues au sud de la ville et à une lieue du fleuve. On le fait cuire au Caire. | | | | |
| Celui d'Alexandrie est extrait des carrières près la tour des Arabes; on le transporte à dos de chameau et on le cuit à Alexandrie. | | | | |
| Le plâtre de très-bonne qualité, tiré de ces carrières, les 1/100 kilog.................................. | 3 | 30 | 1 | 50 |
| Les briques crues, le mille ........................ | 2 | » | » | 80 |
| Les briques cuites au four, le mille............ | 5 | » | 2 | » |
| Les carrières où l'on extrait la chaux sultane sont situées à 7 lieues au sud du Caire, sur la rive droite du Nil. | | | | |
| Cette chaux n'est employée qu'aux blanchiments intérieurs; lorsqu'elle est employée pour enduits, elle est mélangée avec le plâtre; le 1/100 kilog. de chaux sultane.............................. | 3 | 10 | 1 | 30 |
| Le mètre cube de maçonnerie en moellons de pierre du Mokatam, compris pierres, chaux, sable et main- | | | | |

## BASSE ÉGYPTE. — HABITATIONS DES FELLAHS, ETC. — PLANCHE LXVII.

**Cette planche représente plusieurs maisons d'habitation de *fellahs*, de *cheyk-el-beled* dans les provinces de la basse Égypte, et celle d'un bourgeois dans la ville de *Fouah* et la construction des fours à briques.**

La maison d'un *fellah* forme une enceinte plus ou moins grande, entourée d'un mur de clôture, dans laquelle on a pratiqué une ou deux chambres de 4 mètres environ au carré, haute de 2 mètres 50 centimètres, et dont le plafond est arrondi en dôme. L'air et la lumière n'y pénètrent que par la porte et par une ouverture pratiquée à la voûte. A l'un des angles se trouve le four voûté avec un âtre en terre, dans lequel les femmes font cuire le pain et préparent la grosse nourriture de tous les jours. Dans l'épaisseur des murs on pratique des niches pour placer le *kandyl* (lampe), quelques légères provisions, de vieux chiffons et les vases de terre contenant les semences.

Cette chambre est divisée dans sa largeur en deux parties; au fond et dans une de ces parties on élève une estrade à 80 centimètres du sol, sur laquelle on place une natte en roseaux du lac Natron. Là toute la famille du *fellah*, homme, femmes et enfants se couchent pendant 6 mois, c'est-à-dire, de novembre jusqu'à la fin d'avril. Les autres 6 mois de l'année, ils dorment hors de l'habitation sur les nattes dans la cour ou sur les terrasses, quand ils en ont.

Pendant l'hiver, et pour se garantir du froid qui n'est point rigoureux, ils ferment l'ouverture pratiquée à la voûte, afin de pouvoir se chauffer au moyen de la fumée qui s'échappe du four, au risque de s'asphyxier, puisque les fours n'ont point de conduit extérieur. Aussi les vêtements des fellahs s'empreignent-ils de cette odeur de fumée qui incommode beaucoup les habitants des villes lorsqu'ils s'en approchent de trop près.

Les habitations des *cheyks-el-beled* diffèrent peu de celles des *fellahs;* cependant elles sont un peu plus importantes. On y construit ordinairement un premier étage pour les femmes, les enfants et les provisions. Leurs meubles consistent en une caisse peinte de diverses couleurs, dans laquelle ils renferment leurs hardes, des nattes et des tapis en toile; des amphores dit *ballas* pour le beurre, et d'autres vases en terre cuite pour le lait aigre, pour le miel, et quelques bardaks pour l'eau fraîche.

On conserve toujours à ces habitations une terrasse sur laquelle couche toute la famille dès que le *nocta* paraît, époque de l'annonce de la crue du Nil, qui arrive périodiquement en mai. Cet étage est percé d'ouvertures fermées par des croisées avec volets sans carreaux de vitre; la cour est ordinairement spacieuse avec un hangar au fond pour les bestiaux et des latrines.

La cour du *fellah* ou du *cheyk-el-beled* ressemble à une étable; le cheval, le chameau, le bœuf, le jamous, la jument, l'âne, les moutons et les poules y vivent pêle-mêle, on dirait une ménagerie; on voit quelquefois, dans la même enceinte, de petites cellules de forme conique. C'est là où l'on conserve la paille hachée, le blé battu, le lait caillé, les pigeons et qui sert d'abri pour les poules.

| | PIASTRES. | PARAS. | FRANCS. | CENTIMES. |
|---|---|---|---|---|
| d'œuvre. | 10 | » | 4 | » |
| La maçonnerie en briques cuites, compris briques, chaux, sable et main-d'œuvre, le mètre cube. | 4 | » | 1 | 60 |
| Le ciment appelé *ntah*, s'emploie pour les citernes, les bassins, et généralement pour tous les ouvrages hydrauliques; il se compose de six parties de chaux vive, de trois parties de briques et tuileaux réduits en poudre, et de quatre parties de gravier ou petits cailloux du désert, le tout passé au crible ou au tamis. On prépare ce ciment dans une fosse pavée en briques, et on a le soin de le broyer avec très-peu d'eau. Cette préparation terminée, on emploie ce ciment au moyen d'une truelle de 25 centimètres de long, et 10 centimètres de large. Sur la maçonnerie préparée au mortier de chaux et sable, on en met généralement deux couches de 15 à 20 millimètres d'épaisseur; on égalise et redresse ces deux couches en frottant avec une truelle plus petite jusqu'à ce que l'enduit soit uni comme une glace; on le laisse sécher quatre ou cinq jours, ensuite on le frotte avec une éponge imbibée d'huile de lin jusqu'à forte pénétration, ce qui lui donne la dureté et l'empêche de se gercer et se fendre. | | | | |
| Les maçons qui travaillent ce ciment ne font que ce seul genre d'ouvrages; on les désigne sous le nom de blanchisseurs; ils font aussi les travaux au plâtre et blanchissent à la chaux sultane. | | | | |
| Le mètre carré de ce ciment, tout compris. | 2 | 30 | 1 | 10 |
| Bois brut pour poutres, poutrelles, solives et autres, en sapin ou en pin, de la côte de la Caramanie, rendu sur les lieux, le mètre cube. | 70 | » | 28 | » |
| Les planches de Venise de 30 à 35 centimètres de large, et 3 à 4 centimètres d'épaisseur, sur 3 mètres 50 centimètres à 4 mètres de long, la douzaine, prix moyen. | 36 | » | 14 | 40 |
| Le mètre cube de bois de chêne, de la mer Noire. | 250 | » | 100 | » |
| Un plateau d'orme de 10 centimètres d'épaisseur, de 50 à 60 centimètres de large, et 2 mètres 50 centimètres de long. | 40 | » | 16 | » |
| Les fers sont tirés d'Angleterre, de Suède et de la Russie; les prix sont très-variés. | | | | |
| Les carreaux de vitre de Venise, de 25 centimètres sur 30 centimètres, l'un. | 35 | » | » | 35 |
| Les cordes de dattiers pour les échafaudages, les 1,100 kilog. | 40 | » | 16 | » |
| Couffes ou couffins, l'un. | » | 10 | » | 10 |

Le seul bois d'Égypte, propre à être employé aux travaux, est le *sycomore;* on en extrait de grands plateaux de 3, 5 et 10 centimètres d'épaisseur, 50 à 90 centimètres de large, et 3 à 4 mètres de long; on en fait des portes et des contrevents des maisons ordinaires. Sa qualité filandreuse ne permet pas d'y pousser des moulures; il est très-bon pour la construction des machines dites *sakieh* et *dubouds;* cette espèce de bois se conserve très-longtemps et n'est point susceptible de se vermouler. Les caisses de momies qui datent de plus de 4000 ans, n'ont éprouvé aucune altération.

L'on emploie quelquefois, dans les constructions des maisons de province, l'arbre du dattier pour poutre; mais ces bois ne sont pas de durée, ils fléchissent aisément et se déchirent dans la moitié de leur portée.

Il paraîtrait que ce système de construction date de l'époque des Pharaons, puisqu'on voit encore aujourd'hui dans quelques hypogées (chambres) taillées dans le roc qui entourent la deuxième pyramide de *Djizeh*, des imitations sur pierre de ces poutres de dattiers en saillie, taillées au plafond de ces chambres souterraines.

Dans quelques villages, l'habitation du *fellah* est surmontée d'un dôme de forme conique et pyramidale très-élevé, qui sert de pigeonnier et dans lequel on récolte la colombine.

Toutes les habitations sont construites en briques crues ou séchées seulement au soleil.

Le *fellah* se sert de la fiente des bestiaux pétrie avec du limon du Nil pour faire des espèces de galettes qu'il placarde sur les murs de sa maison pour les faire sécher. Il s'en sert ensuite comme d'un combustible pour chauffer le four, faire sa cuisine, etc.; il n'a pas d'autre combustible.

Les maisons de ville de la basse Égypte, comme *Menouf, Chibin, Tantah, Mahaled-el-Kebir* et *Fouah*, sont ordinairement construites en briques cuites au four.

La distribution d'une habitation d'homme aisé diffère beaucoup de celle des *fellahs* et des *cheyks-el-beled.* La porte d'entrée est ordinairement d'une dimension convenable pour le passage d'un chameau chargé. Le vestibule ou porche est toujours gardé par un *boab* (portier), la cour est pavée d'usage en briques ou en dalles de Mokatam. Dans le rez-de-chaussée sont placés les cuisines, le four et dépendances d'une écurie, et une pièce pour les domestiques. Une salle servant de divan est ordinairement située au fond de la cour; c'est là que le maitre reçoit et traite des affaires.

La maison est toujours composée de deux escaliers : le plus grand monte aux appartements du maitre, l'autre est destiné aux logements des femmes et communique avec la cuisine où se tiennent les négresses esclaves.

La construction entière et principale, même celle de la façade, est en briques cuites, soignée, et forme appareils et compartiments autour de la grande porte d'entrée; les fenêtres extérieures sont garnies de grillages en bois. On trouve quelquefois des balcons ou *macharabyeh;* cependant on en voit fort peu dans les maisons de ces petites villes.

Celle que l'on a dessinée dans la planche LXVII donne une idée de ces maisons. Elle a été prise à la ville de *Fouah* (1).

## CAMPS ARABES OU BÉDOUINS. — PLANCHE LXVIII.

On compte en Égypte jusqu'à 26 tribus nomades sur la rive droite du Nil, et 24 sur la rive gauche. Toutes les tribus se reconnaissent à diverses nuances et mènent plus ou moins une vie errante.

Comme ces peuplades ne s'allient qu'entre elles et ne changent ni de mœurs ni de caractère, leurs physionomies et leurs usages sont les mêmes que dans l'antiquité; ce qui vient à l'appui des écrits des auteurs anciens et modernes.

L'Arabe monte à cheval le matin à la pointe du jour et ne rentre sous sa tente qu'au coucher du soleil. Pendant la journée il se nourrit de dattes, de quelques grains de *dourah* ou de blé, et fait paitre à sa jument les herbes parasites qu'il rencontre sur son passage. Le soir, lorsqu'il rentre sous sa tente, sa femme lui prépare un vase rempli de lait, quelques dattes et du miel.

L'Arabe ne fréquente les villes que pour trafiquer du produit de ses troupeaux, des chameaux et des juments; il ne couche jamais dans aucune ville. Lorsqu'il est campé, il cultive quelques *fédans* de terre pour avoir du blé, de l'orge et du *dourah* à son usage. L'indépendance de sa vie lui donne un air de fierté; il n'est point avili comme

(1) *Sur les briques du pays.*

Les alluvions et le limon du Nil, si féconds pour la végétation en Égypte, sont aussi très-utiles pour la confection des briques à bâtir. On choisit d'ordinaire une terre qui soit ni trop argileuse ni trop sablonneuse; on la pétrit avec de l'eau en y mélangeant de la paille hachée, sur une aire préparée d'avance. On fait les briques dans un moule en bois; lorsqu'elles sont sèches au soleil, on construit un four avec ces mêmes briques, de trois, cinq ou sept ouvertures; les briques sont posées de champ en laissant entre elles un intervalle d'un centimètre. Les angles des coins sont contrebuttés par des massifs coniques afin d'empêcher ce four de s'ébouler pendant la cuisson. Une fois le four monté à la hauteur ordinaire de 3 mètres, on ferme les ouvertures qui donnent du côté sud, celles au nord restent seules ouvertes pour y placer le combustible, composé de roseaux du dourah et des branches de cotonnier.

Les fours sont toujours orientés nord et sud, à cause du vent du nord qui règne périodiquement neuf mois de l'année; ce vent agit comme ventilateur et active la flamme et la force de pénétrer dans tous les vides que laissent entre elles les briques.

Le feu se continue pendant vingt-quatre heures avec violence, ensuite on bouche les ouvertures extérieures, afin de laisser concentrer la chaleur, et au bout de quelques jours les briques sont cuites. On a toujours la précaution, avant de mettre le feu à ces fours, de passer un enduit de terre grasse à la main sur les faces extérieures du four pour mieux contenir la chaleur et l'empêcher de s'échapper par les joints des briques.

Chaque four peut contenir de 30,000 à 80,000 briques; mais sur le nombre, à peine peut-on en retirer deux cinquièmes de bonnes à bâtir. Un cinquième est calciné et présente des blocs en forme de mâchefer, qui sont néanmoins employés avec succès dans les massifs des fondations. Un autre cinquième de ces briques à demi cuites est de rebut; le restant est entièrement cru. Ces deux cinquièmes servent aux fellahs à construire leurs murs de clôture et leurs habitations.

J'ai retrouvé en Europe, dans les provinces rhénanes, en Hollande, en Belgique et dans le nord de la France, le même système de fours; ils n'en diffèrent que dans la cuisson qui acquiert une répartition égale en formant une légère couche de charbon de terre en poussière sur chaque assise de briques; tandis qu'en Égypte, ce n'est que l'action de la flamme poussée par la brise du nord dans les joints ou intervalles laissés à chaque rang qui fait cuire les briques; aussi en résulte-t-il qu'une grande partie est calcinée ou pas assez cuite.

Les briques d'Égypte, cuites convenablement, sont légères et poreuses; posées avec de bon mortier, elles forment une maçonnerie compacte et solide, et de longue durée.

le *fellah*. Sa démarche est assurée, ses yeux vifs et perçants. La sobriété et une vie réglée l'éloignent, ainsi que sa famille, des maladies qui accablent les *fellahs*. Leur sang est aussi pur que l'air qu'ils respirent au désert.

La principale occupation des femmes arabes est de traire les brebis et les vaches, de faire la farine sur deux petites meules en pierre mues à bras. Elles font le pain, préparent les repas, veillent sur les enfants, tissent des étoffes grossières pour se vêtir; elles font également des tapis et de la toile pour leurs tentes.

Quand la tribu est en marche, les femmes se placent deux à deux dans un *haudedj*, espèce de panier fixé sur le dos d'un chameau; ce panier est construit de branches de laurier-rose, garni au fond d'une peau de mouton, et la partie supérieure est couverte d'une toile pour les garantir du vent et du soleil. Blotties dans cette cage, elles s'occupent du ménage en broyant le blé avec leurs petites meules, préparent la pâte de chaque jour, et, à la première halte, elles font cuire le pain sur de la cendre chaude ou dans un petit fourneau, et quelquefois sur un âtre de terre. Elles se servent pour combustible de crottins de chameaux.

Sous la dynastie des Mameluks et pendant l'expédition de l'armée française, les Arabes Bédouins, enclins à la rapine, vivaient de brigandages en profitant des dissensions. On les voyait surprendre les villages des *fellahs*, les rançonner et leur enlever les bestiaux.

Les voyageurs n'étaient pas même en sûreté. L'on ne pouvait aller jusqu'aux pyramides sans avoir préalablement fait ses conditions avec le *cheyk bédouin*.

Depuis que Mohammed-Ali gouverne l'Égypte, il est parvenu à contenir et à soumettre ces hordes indisciplinées; il leur a accordé des terres à cultiver, et elles ne payent au gouvernement qu'un léger impôt. Il les a pris à son service comme troupe irrégulière; il loue leurs chameaux pour le transport, il leur achète ses juments qu'il emploie à sa cavalerie légère. Par cette sage politique il a maintenant délivré l'Égypte des incursions de ces hordes d'Arabes.

La vue et le plan d'un camp arabe, que l'on donne dans la planche LXVIII, représente un *ferig* (escouade), une famille réunie, campée en 1822 près de *Matarieh* sur les rives du désert.

La tente du chef est au centre, celles des enfants mariés sont à droite et à gauche; viennent ensuite celles des autres parents, puis celles des serviteurs.

Les juments sont placées devant les tentes pour s'en servir à la moindre alerte et les avoir sous leurs yeux. Après viennent, sur une autre ligne, les vaches, les dromadaires, les chameaux, les brebis et les chèvres. Ces dernières sont parquées dans une enceinte de toile.

Les chameaux sont très-souvent rangés en cercle autour de la tente des gardiens. En dehors du camp, et à une certaine distance, sont placées de petites tentes pour les hommes qui font sentinelle pendant la nuit.

Toutes ces tentes sont peu élevées, on ne peut s'y tenir debout que vers le centre. Leur forme est toujours carrée, jamais circulaires; on peut les fermer dans tout leur pourtour, mais habituellement on laisse ouverte la partie qui tourne au nord pour recevoir la brise fraiche de ce côté.

Leur construction est toute en toile composée de fils de poils de chèvres et de chameaux. La pluie et la rosée ne font que glisser sur ces tissus sans jamais pénétrer dans l'intérieur, ce qui les garantit des orages, du vent et du soleil.

## CAMPS ET TENTES DES TURCS. — PLANCHE LXIX.

Les maitres de l'Égypte sous les Califes et sous les Mameluks descendaient par origine des peuples nomades qui habitaient sous des tentes. Ils construisirent ensuite des palais au Caire, chef-lieu de leur résidence, mais lorsqu'ils faisaient la guerre ou des tournées dans les provinces, ils avaient à leur suite des habitations ambulantes, un matériel de campement comme les Arabes du désert, et les tentes se dressaient avant leur arrivée dans les endroits désignés par le chef. On choisissait de préférence les bords du Nil, des canaux, ou bien les abords d'une ville ou d'un grand village.

Mohammed-Ali, vice-roi d'Égypte, a adopté le même système de campement qu'employaient les mameluks.

On conçoit que dans un climat sec, où l'on voit très-rarement pleuvoir et où les orages sont rares, les campements sous un beau ciel sans nuages soient agréables; aussi les gouverneurs des provinces y séjournent-ils quelquefois les trois quarts de l'année.

Les tentes du pacha le précèdent toujours lorsqu'il fait ses tournées dans les provinces; il en est de même des *beys*, des *kachefs*, etc., etc.

Les tentes des mameluks ou des Turcs, diffèrent de celles des Arabes par leur forme élevée et élégante, et par les heureuses dispositions de campement.

La tente d'un pacha a, au centre, une salle circulaire couverte en forme de dôme: elle lui sert de chambre à coucher. Une seconde tente enveloppe la première et forme un passage ou corridor qui sépare ces deux tentes, et donne communication aux logements des mameluks ou valets de chambre, au bain, aux latrines, et divise aussi l'appartement du maître de la salle du divan.

Cette salle, dont le plafond est soutenu par deux files de colonnettes en bois, est destinée à recevoir les personnes de distinction; son sol est couvert de nattes et de tapis. Un divan en forme de canapé lui sert de trône.

La toile de la tente est en fil de coton, peinte en dehors en couleur verte ou bleue, sur laquelle on applique et fixe des ornements découpés également en toile, peints en rouge, en blanc ou en jaune. L'intérieur de cette tente est doublé d'indiennes de France ou d'Angleterre qu'on prendrait, d'une certaine distance, pour des châles de Cachemire.

La tente d'un bey est moins considérable; sa dimension et son importance diminuent suivant le grade et la position du personnage qui l'habite. Dans la planche LXIX l'on a représenté les diverses modifications de tentes, depuis celle d'un pacha jusqu'à celle d'un *kaïmakan*.

En 1825, le pacha d'Égypte divisa ses provinces en préfectures, arrondissements, cantons, etc.

Un bey avait le titre de *mamour*, et commandait une ou plusieurs préfectures; le *kachef* un arrondissement de 40 à 45 villages; un *hakem-el-khot* un canton de 10 à 15 villages; enfin, un *kaïmakan* avait sous sa dépendance 2 ou 3 villages. C'est le plus terrible des potentats et la terreur des pauvres *fellahs*.

La commune qui se réduit à un seul village est gérée par un *cheyk-el-beled*.

La vue, le plan de la tente et le plan général dessinés sur cette planche, représentent le camp qui fut établi en 1819 près la colonne de Pompée, et qui servait de quartier général au pacha pendant la construction du canal du *Mahmoudièh*. Ce prince s'y rendait tous les jours, y tenait divan et recevait les rapports sur les travaux du canal. Ismaïl pacha, son fils, qui présidait aux travaux du *Mahmoudièh*, habitait ce camp avec tous ses officiers, et comme je dirigeais les opérations du canal, j'avais aussi ma tente près de ce camp.

Les tentes sont toutes soutenues au centre par une colonnette en bois de sapin de 8 à 20 centimètres de diamètre et de 3, 5 et 6 mètres de hauteur, assemblées dans leur milieu. Toutes les cordes sont en fil de coton, et les piquets en chêne blanc. L'officier du camp fait ordinairement dresser les tentes par les domestiques arabes pris parmi les chameliers, les porteurs d'eau et les palefreniers. Un sous-chef veille constamment autour des tentes avec son maillet en bois, afin que les piquets ne soient pas arrachés par les tourbillons de vent, qui précèdent ordinairement la brise du nord-est ou du *Khamcin*.

Lorsqu'on entre au camp, il est d'habitude de déposer ses armes sous la tente; on les suspend à l'arbre du milieu qui soutient la tente, ou sur des piquets en bois, fichés en terre et armés de crochets de fer, comme on le voit sur cette planche. Les *bardaques* sont placées également sur un support en fer. La lampe, *kandil*, est fixée à un piquet en bois fiché en terre.

La garde de nuit est formée de plusieurs groupes d'Arabes armés de longs bâtons, et placés autour du camp de distance en distance, observant si des voleurs s'approchent des tentes : de cinq en cinq minutes, le premier groupe crie, en psalmodiant quelques paroles : *Ne dormez pas ; veillez à la sûreté du camp. L'étoile du matin va paraître*, etc., etc., ou bien quelques versets du Koran. Les autres groupes sont obligés de répondre les uns après les autres, pour recommencer ensuite.

## PLAN DE LA VILLE DU CAIRE.—Planche LXX.

On a cru indispensable de joindre à cet atlas le plan du Caire et de ses environs. Une forte teinte noire indique l'emplacement de chaque monument décrit dans cet ouvrage.

ARCHITECTURE ARABE
MONUMENS DU CAIRE

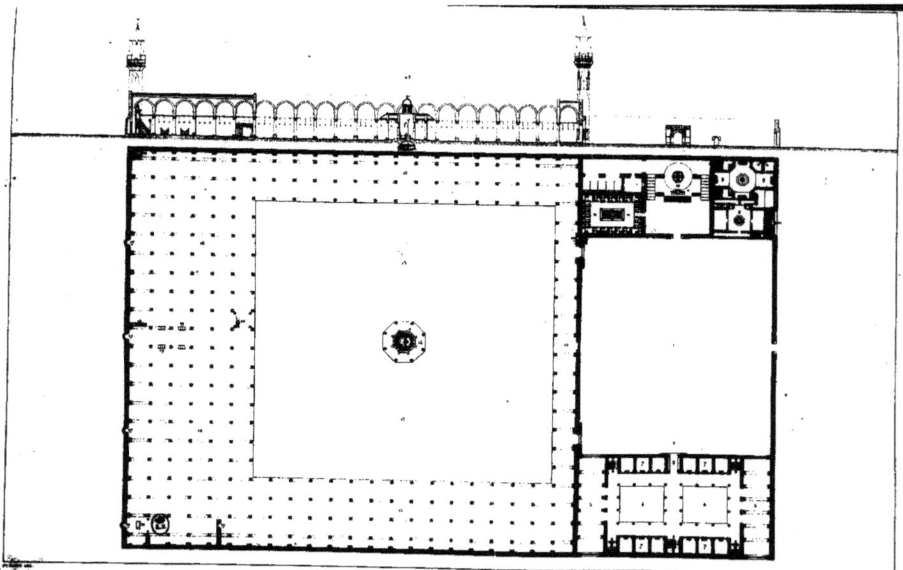

1. *Première cour.*
2. *Okel, ou bâtiment pour recevoir les voyageurs.*
3. *Porche.*
4. *Cours avec portiques.*
5. *Écuries pour les Chevaux, les Chameaux et les troupeaux.*
6. *Latrines.*
7. *Chambres.*
8. *Escaliers pour le 1er étage.*
9. *Bain public.*
10. *Abreuvoir public.*
11. *Cour des latrines.*
12. *Sakyeh ou roue à chapelet et à pots, pour élever l'eau de la citerne.*

PLAN ET COUPE DE LA MOSQUÉE AMROU.

Échelle de 2 Millimètres par Mètre.

13. *Grande cour de la Mosquée.*
14. *Fontaine et bassin pour les ablutions.*
15. *Galeries.*
16. *Sanctuaire.*
17. *Niche devant laquelle on fait la prière.*
18. *Chaire.*
19. *Pupitre où est placé le Coran.*
20. *Tribune, d'où le Moueddin annonce l'heure de la prière.*
21. *Tombeau.*
22. *Escaliers des Minarets.*
23. *Coupe sur la longueur du Plan.*

II.

VUE DE LA MOSQUÉE AMROU

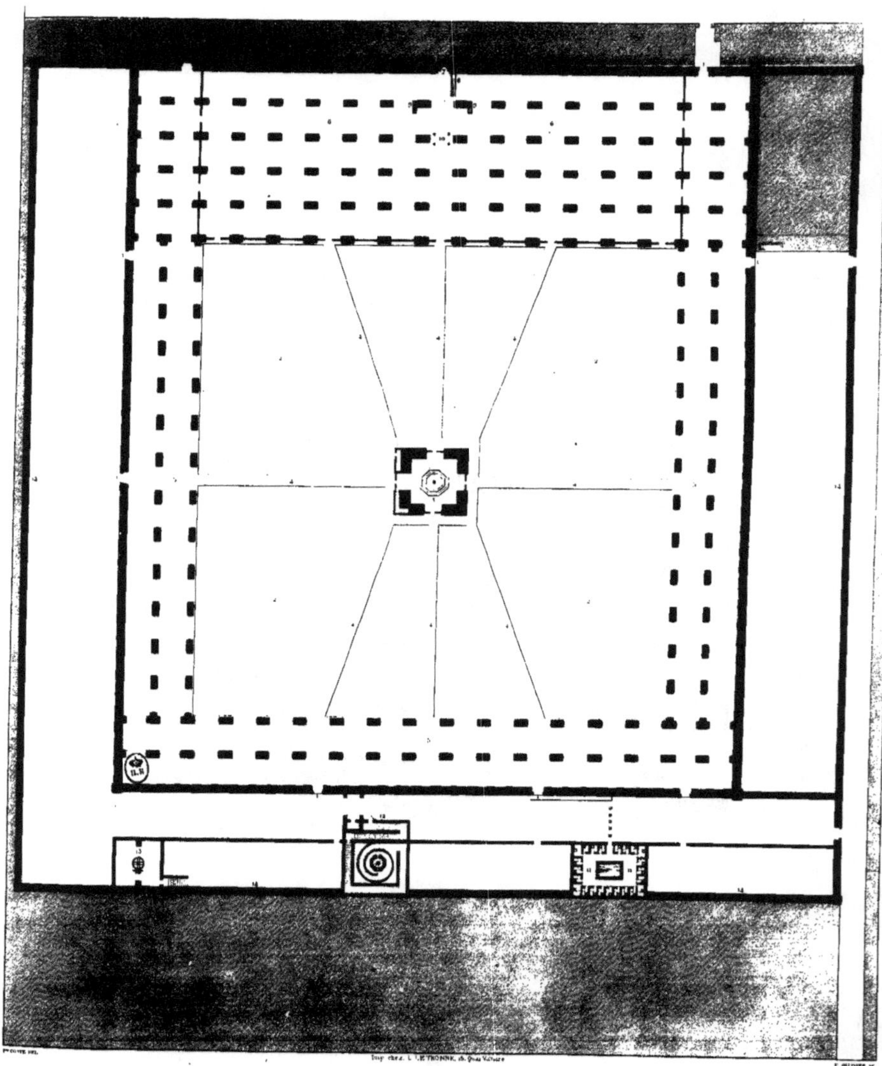

Imp. chez. L. LETRONNE, 18, Quai Voltaire

# PLAN DE LA MOSQUÉE TEYLOUN

Echelle de 1 millimètres par mètre

1. *Entrée de la Mosquée*
2. *Grande cour.*
3. *Salle et bassin pour les ablutions.*
4. *Passages pavés en dalles de pierre.*
5. *Portiques.*
6. *Sanctuaire.*
7. *Niche devant laquelle on fait la prière.*
8. *La chaire.*
9. *Pupitres.*
10. *Tribune.*
11. *Cour des latrines.*
12. *Minarets.*
13. *Sakyeh et citerne.*
14. *Murs d'enceinte.*

Imp. chez L. Letronne, 15 Quai Voltaire.

# DÉTAILS DE LA MOSQUÉE TEYLOUN.

1. *Coupe générale sur la longueur du Plan.*
2. *Détails d'une partie de cette Coupe.*
3. *Détails des façades extérieures et des Murs d'enceinte.*

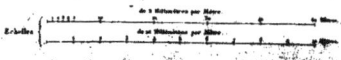

Echelles

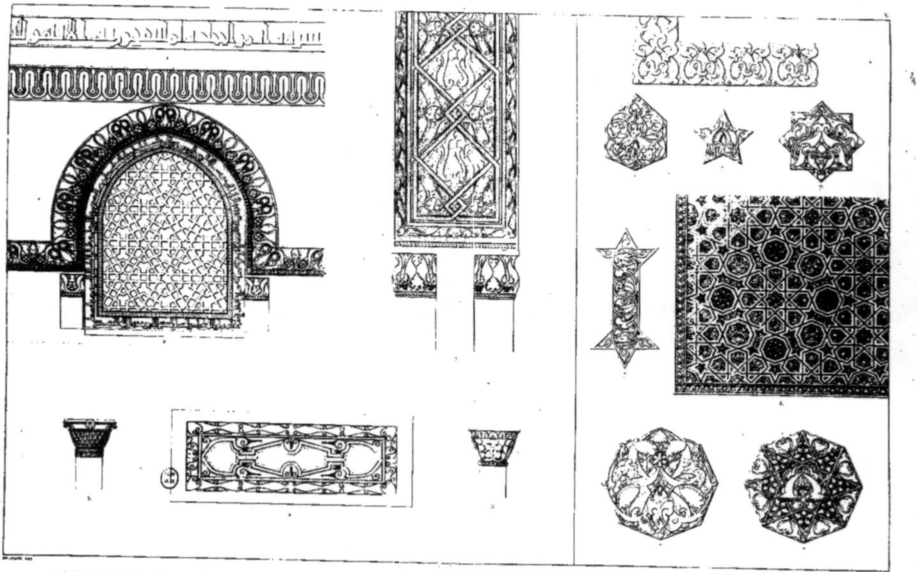

1 Inscription Cufique et frise [illegible] ornements sous les portiques de la Mosquée
2 Détails des fenêtres et des [illegible]
3 Chapiteaux et [illegible] des arcades

DETAILS DE LA MOSQUEE TEYLOUN

4 Soffite [illegible] des portes d'entrée de la Mosquée
5 Chapiteaux en marbre des colonnes de la niche du Sanctuaire
6 Partie du grand panneau de la Chaire
7 Détails des ornemens de ce grand panneau

VUE DE LA [illegible]

VUE EXTÉRIEURE DE LA MOSQUÉE BARKAUK

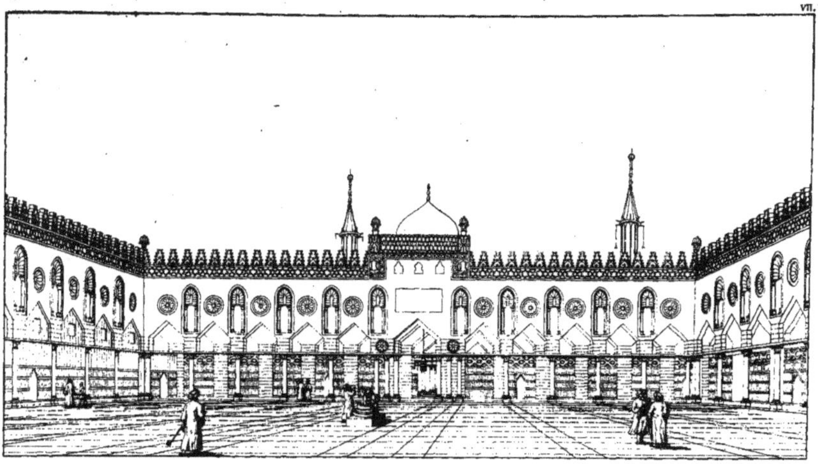

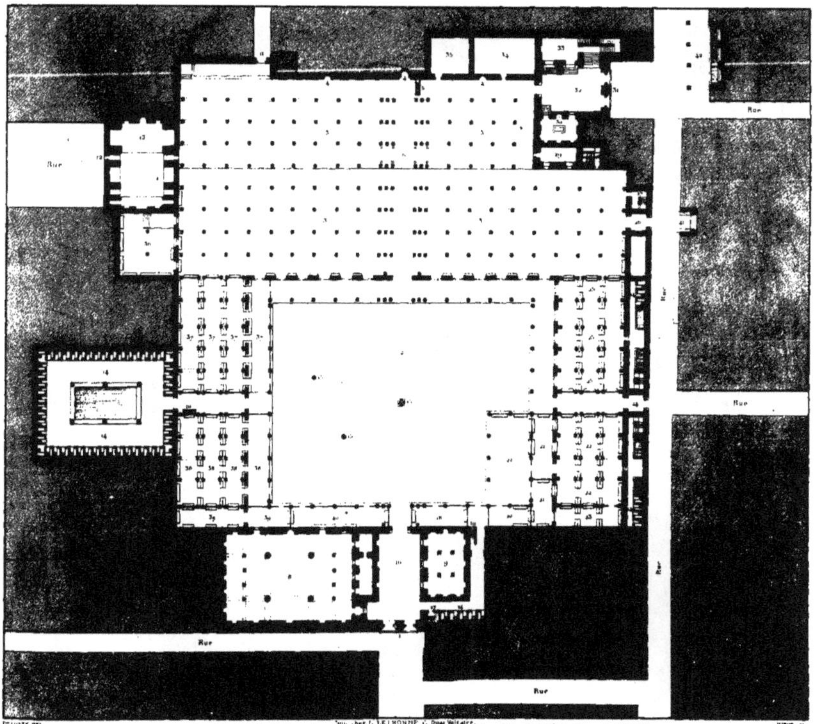


Duteste del. — Imp. chez J. Letronne, 17, Quai Voltaire. — Hibon sc.

# PLAN ET VUE DE LA GRANDE COUR DE LA MOSQUÉE EL AZHAR.

Echelle de 2 Millimètres par Mètre.

1. Porte principale.
2. Grande cour.
3. Sanctuaire.
4. Niches devant lesquelles on fait la prière.
5. Chaire.
6. Tribune.
7. Massifs des Minarets.
8. Mosquée Ebtahaouihé.
9. Mosquée, Cheyk Taharset.
10. Fontaine.
11. Bab-Chourbeh, d'où l'on apporte la nourriture aux étudians.
12. Bab-el-Gamharyeh.
13. Mosquée Gamharyeh.
14. Cours des latrines.
15. Citernes.
16. Cour.
17. Escalier pour les salles, des Indiens et des Persans.
18. Salle, pour les Kurdes.
19. Escalier pour les terrasses.
20. Salle, pour ceux du Hyemen. (Arabie)
21. Salle, pour ceux de Darour (Afrique)
22. Salle, pour les Turcs d'Europe et de l'Asie mineure.
23. Salle pour l'Astronomie.
24. Bab-el-Megrabyh.
25. Salle, pour ceux de Tunis, Tripoli, Alger et Maroc.
26. Bab Chaam. (Porte de Syrie)
27. Escalier pour la salle des Turcs de Soleymanie.
28. Escalier pour la salle des Turcs de Syrie.
29. Salle pour ceux de Darfour.
30. Salle du Tombeau Abou-Khassan-Kiaya, un de ceux qui a agrandi la Mosquée.
31. Bab-Sabaideh. (Porte de la haute Égypte)
32. Place pour les Etudians de la haute Égypte.
33. Sybil. (Fontaine)
34. Salle, pour ceux de la Mecque et de Medine.
35. Salle, pour le dépôt des Nattes, des Bottes, &c. &c. pour l'établiss!
36. Salle pour ceux de la province de Charkyeh.
37. Salle, pour ceux de Bélbeis et pour ceux du Delta.
38. Salle pour ceux des provinces de la moyenne Égypte.
39. Salle, pour ceux du Fayoum.
40. Salle, pour ceux de la province de Bahyreh. (Au-dessus des portes N.os 1 et 31, sont des écoles pour les jeunes garçons du quartier de la Mosquée)
41. Porte de l'Okel-Kaid-bey.
42. Abreuvoir public.

(La teinte jaune indique les Armoires qui renferment les manuscrits du Coran et d'autres ouvrages, dans chaque salle d'étude)

VUE ET DÉTAILS DE LA PORTE EL SAYDEH DE LA MOSQUÉE EL AZHAR

Echelle de 100 Millimètres par Mètre.

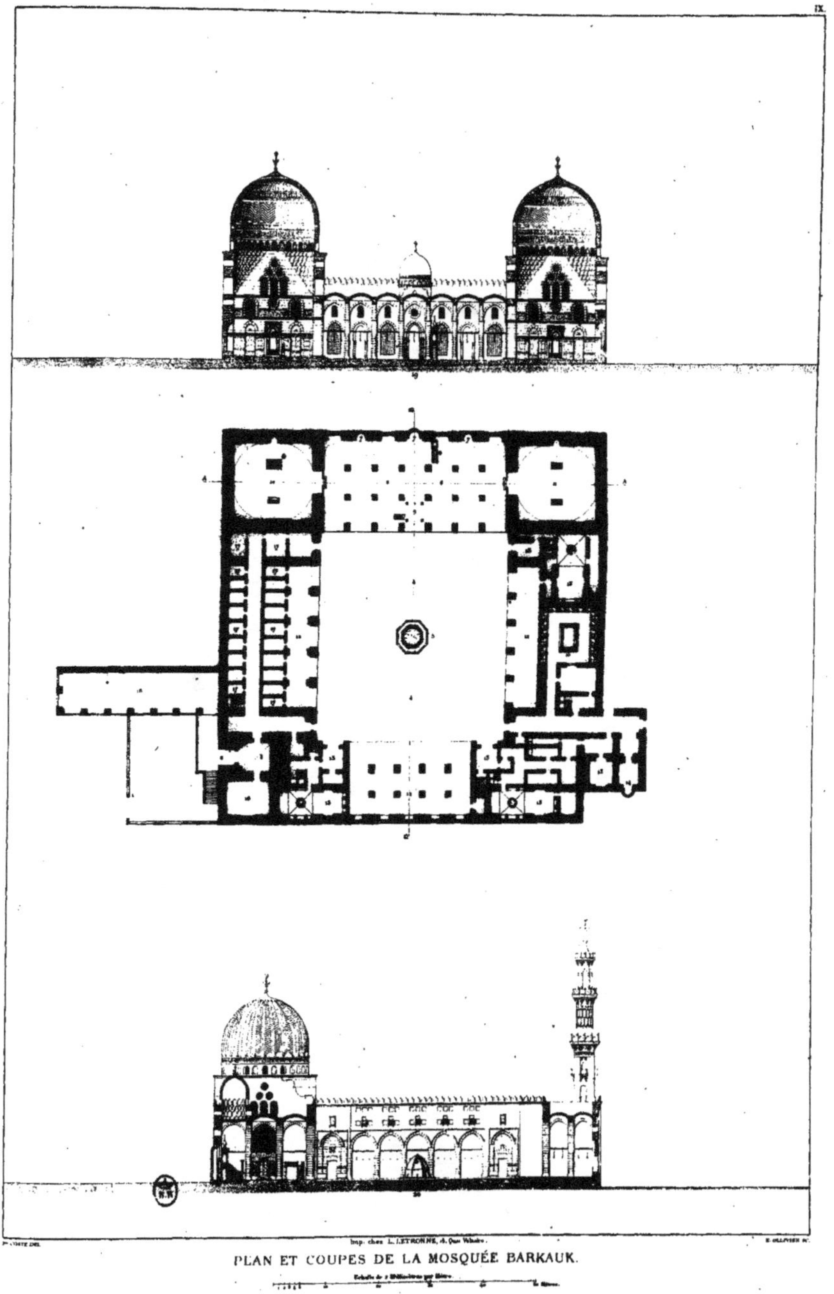

P. Coste del. — Imp. chez L. Letronne, 18, Quai Voltaire. — E. Ollivier sc.

## PLAN ET COUPES DE LA MOSQUÉE BARKAUK.

Échelle de 2 Millimètres par Mètre. — 50 Mètres.

1. *Enceinte précédant l'entrée de la Mosquée.*
2. *Porte principale.*
3. *Vestibule.*
4. *Grande cour.*
5. *Bassin pour les Ablutions.*
6. *Portiques du Sanctuaire.*
7. *Niches devant lesquelles on fait la prière.*
8. *Chaire.*
9. *Tribune.*
10. *Salle du Tombeau du Soultan Barkauk.*
11. *Salle des Tombeaux de la famille du Soultan.*
12. *Portiques.*
13. *Logements des Cheykhs attachés à la Mosquée.*
14. *Entrée particulière.*
6. *Cour des latrines.*
16. *Sébyl, ou fontaine publique, et École au-dessus pour les garçons.*
17. *Chambres pour recevoir les voyageurs pendant l'Hiver.*
18. *Galerie pour recevoir les voyageurs pendant l'Été.*
19. *Coupe sur la ligne A A, du Plan.*
20. *Coupe sur la ligne B B, du Plan.*

COUPE DE LA SALLE DU TOMBEAU DE LA MOSQUÉE BARKAUK.

Echelle de 10 millimètres par mètre.

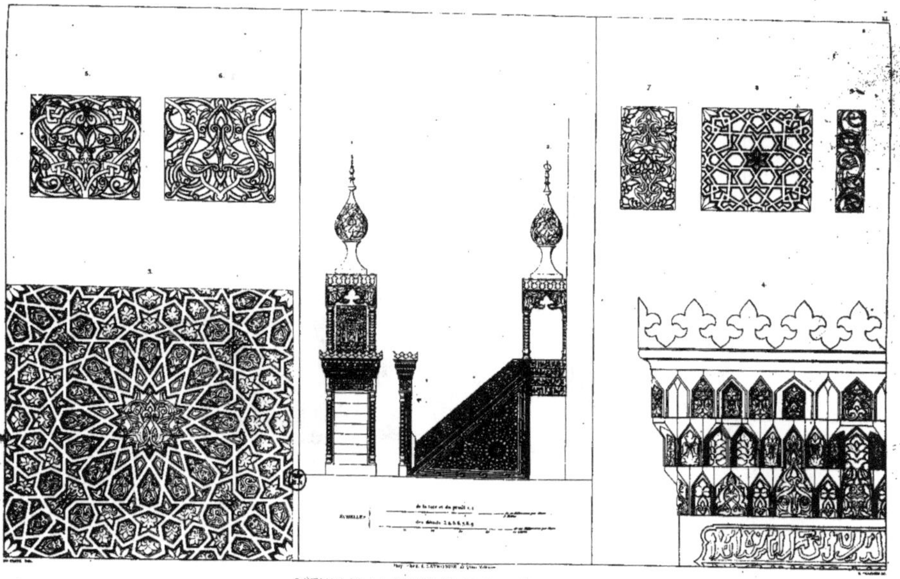

DÉTAILS DE LA CHAIRE DE LA MOSQUÉE BARKAUK

1 *Élévation en face de la Chaire*
2 *Élévation latérale de la Chaire*
3 *Détail d'une partie du grand panneau, sur la face latérale*
4 *Détail du couronnement de la porte*
5, 6, 7, 8, 9 *Détails des panneaux de la rampe.*

XII.

VUE DU SANCTUAIRE DE LA MOSQUÉE BARKAUK

XIII.

P<sup></sup>re COSTE DEL. — Imp. chez L. [illegible] Quai Voltaire — E. OLLIVIER SC.

VUE DE LA COUR DE LA MOSQUÉE BARKAUK.

XIV.

VUE EXTÉRIEURE DE LA MOSQUÉE BARKAUK

XV.

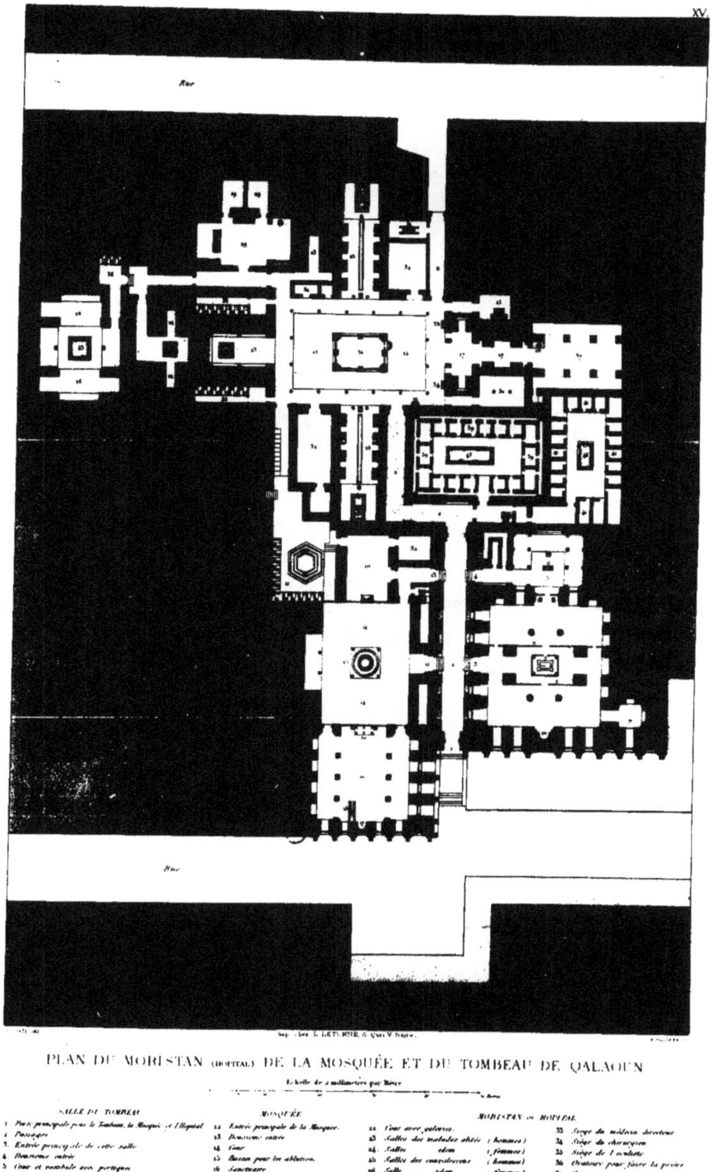


Imp. chez [illegible] Quai Voltaire

## PLAN DU MORISTAN (HOPITAL) DE LA MOSQUÉE ET DU TOMBEAU DE QALAOUN

Échelle de 2 millimètres par Mètre

### SALLE DU TOMBEAU

1 *Porte principale pour le Tombeau, la Mosquée et l'Hôpital*
2 *Passages*
3 *Entrée principale de cette salle*
4 *Deuxième entrée*
5 *Cour et vestibule avec portiques*
6 *Siège ou fauteuil en bois pour le Cheyk*
7 *Tombeau du Soultan Qalaoûn*
8 *Grilles en bois*
9 *Massif du Minaret*
10 *Niche pour la prière*
11 *Latrine*

### MOSQUÉE

12 *Entrée principale de la Mosquée.*
13 *Deuxième entrée*
14 *Cour*
15 *Bassin pour les ablutions.*
16 *Sanctuaire*
17 *Niche pour la prière.*
18 *La Chaire.*
19 *Tribune*
20 *Salle où les convalescens viennent faire la prière*
21 *Cour des latrines*

### MORISTAN ou HOPITAL

22 *Cour avec galeries.*
23 *Salles des malades alités (hommes)*
24 *Salles idem (femmes)*
25 *Salles des convalescens (hommes)*
26 *Salle idem (femmes)*
27 *Salles des gardiens et des infirmiers*
28 *Escalier pour le logement du médecin directeur*
29 *Cuisine et dépendances*
30 *Dépôts pour les caisses des morts*
31 *Salle pour laver les morts*
32 *Magasins des combustibles &c.*
33 *Siège du médecin directeur*
34 *Siège du chirurgien*
35 *Siège de l'oculiste*
36 *Oratoire pour faire la prière*
37 *Cour avec portiques*
38 *Cour des latrines*
39 *Cellules pour les aliénés (hommes)*
40 *Chemin de ronde*
41 *Cellules pour les aliénés (femmes)*
42 *Escalier pour monter aux terrasses*
43 *Bassins.*

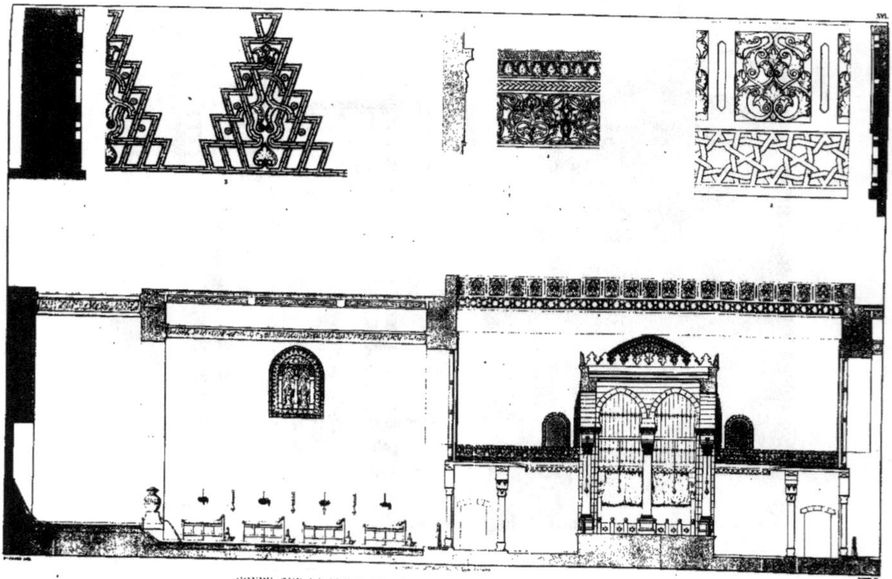

COUPE SUR LA LIGNE AB. DU PLAN DU MORISTAN (hôpital) DE QALAOUN

Echelles de — Pour la Coupe — Pour les détails

1. Détails des Archivoltes des grandes arcades de la cour des convalescents. 2. Détails des ornements au haut des murs de la cour des convalescents. 3. Détails des [illegible] de la façade de la Porte principale et du Tombeau

XVII.

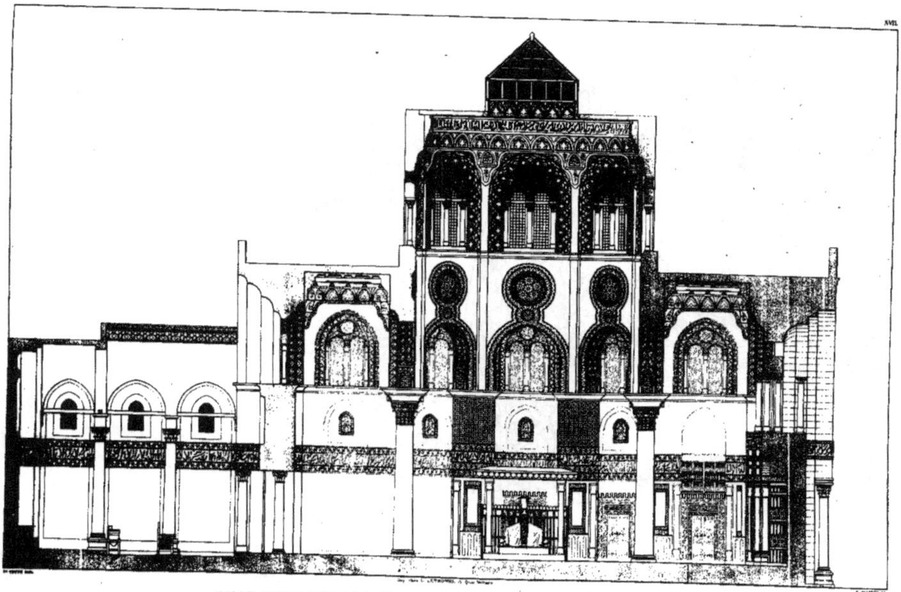

COUPE SUR LA LIGNE C-D. DU PLAN DE LA SALLE DU TOMBEAU DE QALAOUM.

Echelle de [illegible] millimètres par Mètre

XVII.

DÉTAILS DE L'INTÉRIEUR DE LA SALLE DU TOMBEAU DE QALAOUN.

Échelle de un millimètre par Mètre

1. Détails de la partie supérieure de la grande fenêtre au dessus de la niche
2. Détails des fenêtres à la hauteur des grandes colonnes
3. Détails des Arcs-doubleaux des arcades
4. Détail du couronnement du mur de la cour

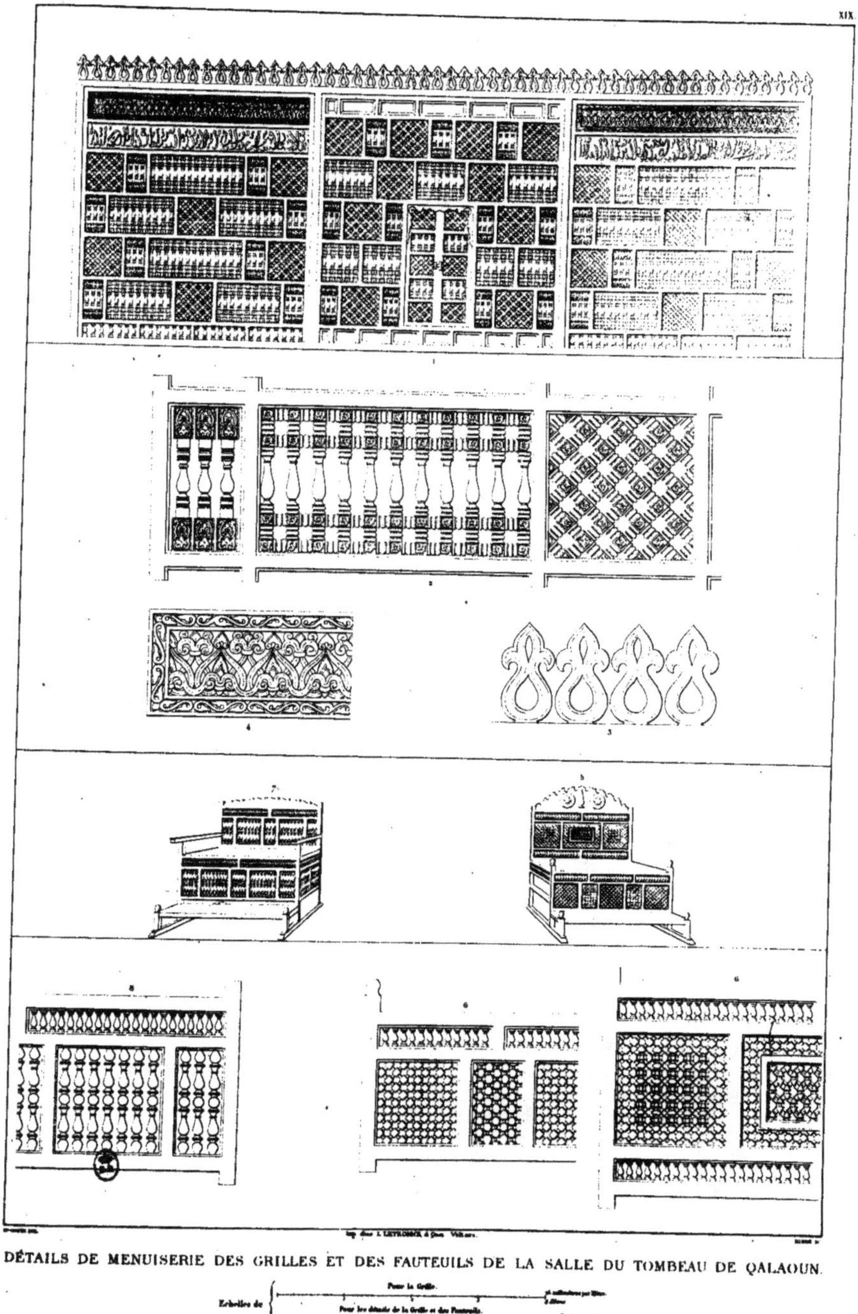

DÉTAILS DE MENUISERIE DES GRILLES ET DES FAUTEUILS DE LA SALLE DU TOMBEAU DE QALAOUN.

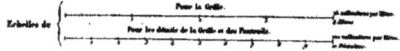

Echelles de { Pour la Grille. — 25 millimètres par Mètre. 4 Mètres. / Pour les détails de la Grille et des Fauteuils. — 100 millimètres par Mètre. 1 Décimètre.

1. Élévation de la grande Grille en bois qui entoure le tombeau.
2. Détails des trois panneaux de cette Grille.
3. Détails des Antes-fixes de cette Grille.
4. Détails de la frise à jour ... idem.
5. Premier fauteuil en bois du Soultan Qalaoun.
6. Détails à jour de ses panneaux.
7. Second fauteuil en bois du Soultan Qalaoun.
8. Détails à jour de ses panneaux.

VUE EXTÉRIEURE DE LA MOSQUÉE DE QALAOUM.

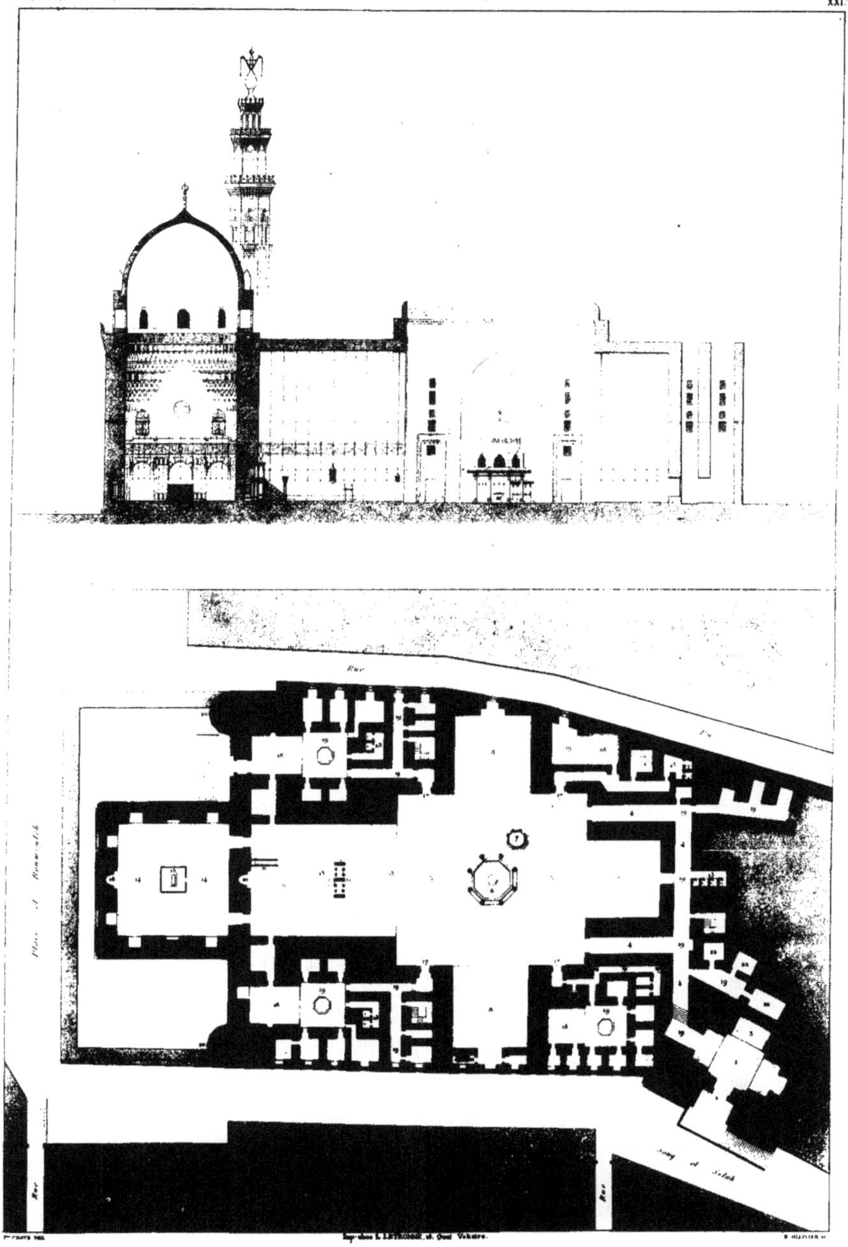


Imp. chez L. Letronne, 16, Quai Voltaire.

# PLAN ET COUPE DE LA MOSQUÉE HASSAN.

Echelle de 2 millimètres par Mètre

1. Porte principale
2. Vestibule.
3. Siège ou Divan, sur lequel Soultan Hassan donnait ses audiences publiques
4. Passages
5. Cour principale
6. Bassins pour les ablutions
7. Réservoir et Fontaine
8. Salles pour les prières
9. Sanctuaire
10. Niche devant laquelle on fait la prière
11. Chaire.
12. Tribune.
13. Lanternes en bronze, suspendues à la voûte.
14. Salle du tombeau.
15. Tombeau du Soultan Hassan.
16. Niche pour faire la prière
17. Entrées des logemens.
18. Logemens des Cheykhs desservant la Mosquée
19. Petites cours.
20. Massifs des Minarets
21. Petit escalier pour communiquer aux Minarets par les terrasses
22. Salles pour le dépôt des huiles pour les lampes et pour les nattes
23. Cours des latrines.

COUPE DE LA SALLE DU TOMBEAU DE LA MOSQUÉE HASSAN

COUPE ET DÉTAILS DE L'INSCRIPTION ET DU LUSTRE DU SANCTUAIRE DE LA MOSQUÉE HASSAN.

Échelles de la Coupe
des Détails

1. *Élévation de la face du Sanctuaire.*
2. *Détails de la grande Inscription coufique régnant sur les murs du Sanctuaire*
3. *Grande lanterne en bronze suspendue à la voûte du Sanctuaire*
4. *Plan de la lanterne*
5. *Plan et Profil du récipient de l'huile qui s'écoule des lampes*
6. *Détails des Panneaux à jour de la lanterne*

Imp. chez L. LETRONNE, Quai Voltaire

PORTE PRINCIPALE DE LA MOSQUÉE HASSAN.

Échelle de 10 millimètres par Mètre.

XXI

VUE INTÉRIEURE DE LA MOSQUÉE HASSAN.

XXVI.

VUE EXTÉRIEURE DE LA MOSQUÉE HASSAN ET DE LA PLACE DE ROUMEYLEH.

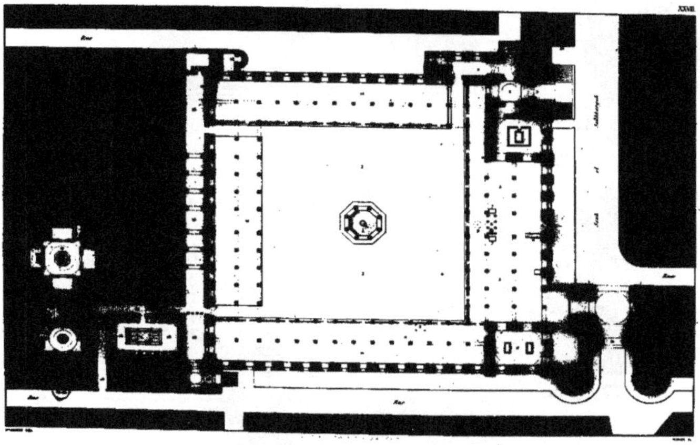


PLAN DE LA MOSQUÉE EL MOYED

Échelle de 4 Millimètres par mètre

1. *Porte principale sur le Bazar el Soukkaryeh*
2. *Vestibule et passage*
3. *Grande cour*
4. *Bassin pour les Ablutions*
5. *Sanctuaire*
6. *Chaire et la grande Niche*
7. *Pupitres*
8. *Tribunes*
9. *Lustre en bronze suspendu au plafond*
10. *Tombeau du Soultan el Moyed*
11. *Tombeaux de la famille du Soultan*
12. *Portiques pour faire la prière*
13. *Deuxième porte de la Mosquée*
14. *Troisième porte de la Mosquée*
15. *Grand passage découvert*
16. *Cour des latrines*
17. *Bains publics*
18. *Passages*
19. *Escalier pour monter sur les Terrasses*
20. *Escalier d'un petit Minaret*
21. *Grande porte el Soukkaryeh, flanquée de deux tours, sur lesquelles s'élèvent deux Minarets.*
22. *Sebyl et Ecole pour le quartier.*
23. *Escalier pour la salle de l'Ecole*

VUE DE LA NICHE DU SANCTUAIRE ET DE LA CHAIRE DE LA MOSQUÉE EL MOYED.

VUE DU SANCTUAIRE DE LA MOSQUÉE EL MOYED.

VUE INTÉRIEURE DE LA MOSQUÉE EL-MOYED

VUE EXTÉRIEURE DE LA MOSQUÉE EL-MOYED, SUR LE BAZAR EL-SOUKKARYEH

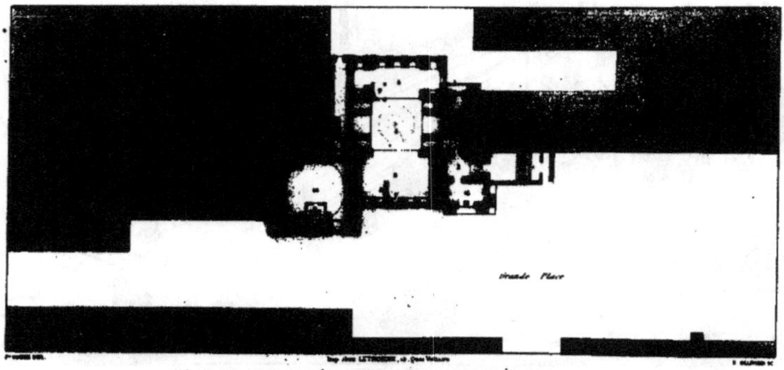


# PLAN ET VUE EXTÉRIEURE DE LA MOSQUÉE KAID-BEY.

Echelle de 2 millimètres par Mètre.

1. Enceinte qui précède l'entrée de la Mosquée.
2. Porte principale.
3. Vestibule.
4. Salle éclairée par le haut.
5. Galerie.
6. Sanctuaire.
7. Niche devant laquelle on fait la prière.
8. Chaire.
9. Tribune.
10. Salle du Tombeau.
11. Tombeau de Kaïd-Bey.
12. Caban en Granit où sont empreints les pieds du Prophète Mahomet.
13. Escalier pour les terrasses.
14. Sébyl ou fontaine au dessus de laquelle est l'école pour les jeunes garçons du quartier.
15. Massif du Minaret.
16. Deuxième porte de la Mosquée.

VUE EXTÉRIEURE DE LA MOSQUÉE KAID-BEY.

COUPE SUR LA LIGNE AB. DU PLAN DE LA MOSQUÉE KAID-BEY.

Imp. chez L. LETRONNE, [illegible] Quai Voltaire

COUPE SUR LA LIGNE C.D. DU PLAN DE LA MOSQUÉE KAID-BAY.

[illegible] Mètre.

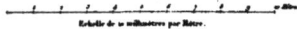

Echelle de 10 millimètres par Mètre.

VUE INTÉRIEURE DE LA MOSQUÉE KAID-BEY.

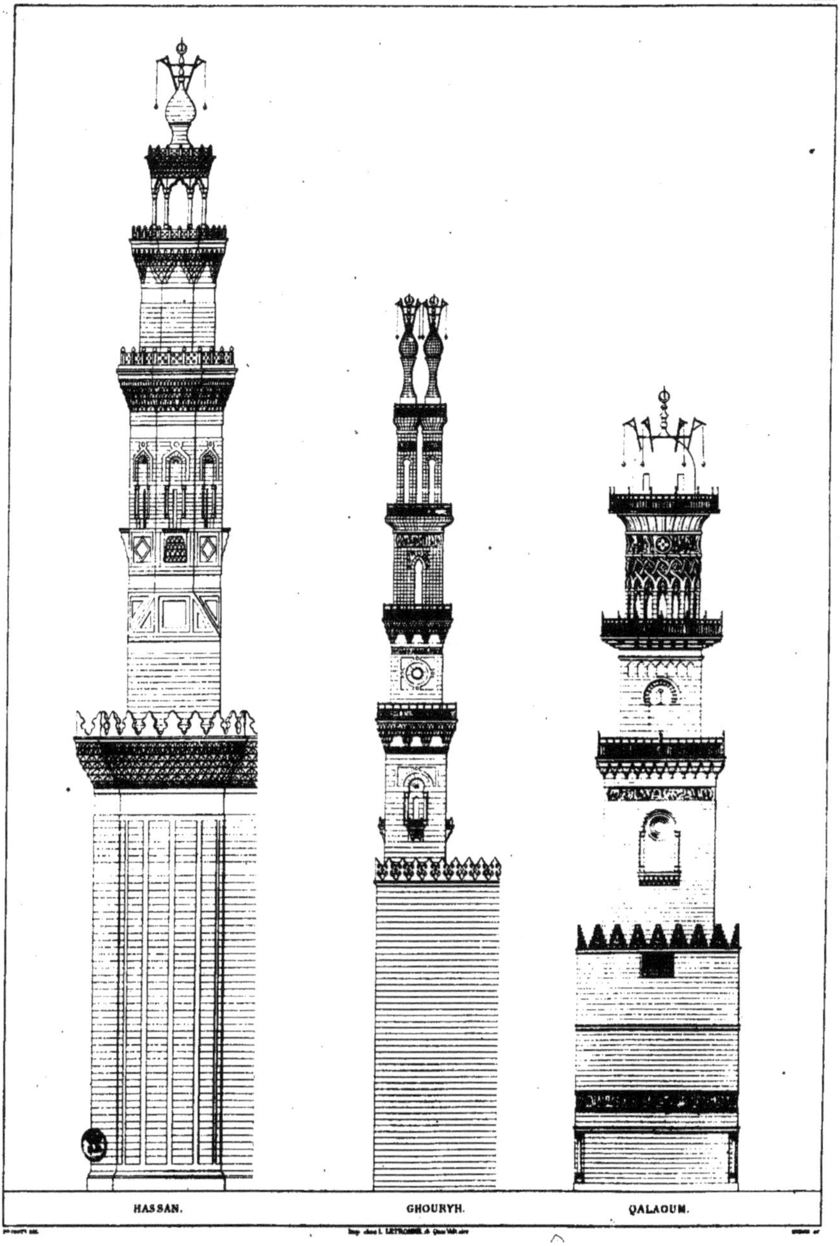


PARALLÈLE DES MINARETS DES PRINCIPALES MOSQUÉES.

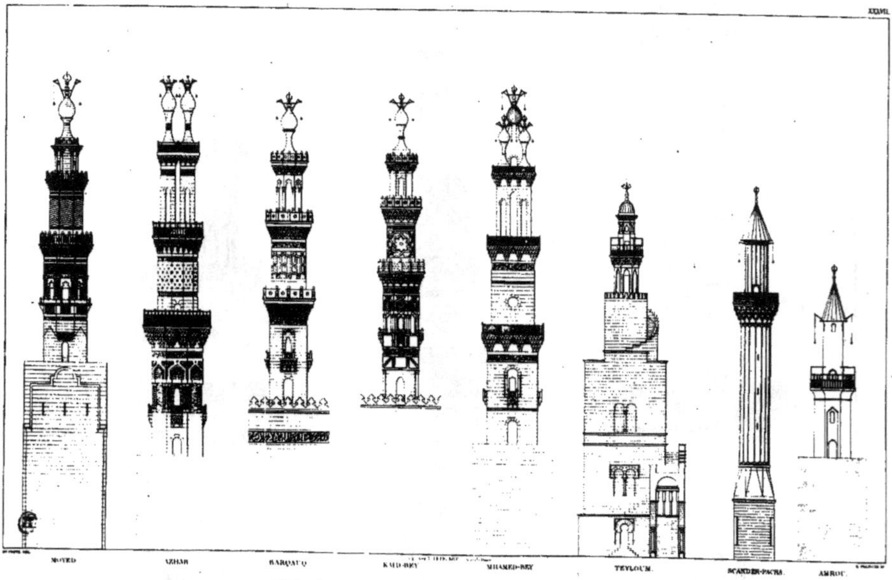


PARALLÈLE DES MINARETS DES PRINCIPALES MOSQUÉES

XXXVIII

PLAN ET COUPE DU COUVENT DE DERVICH.

Pour le Plan

Pour la Coupe

1 Entrée du Couvent
2 Portique
3 Cellules des Derviches
4 Infirmeries
5 Treilles
6 Kiosque et Bassin pour les ablutions
7 Mosquée
8 Boutiques à location au profit du couvent
9 Escalier pour descendre à la cour des cuisines, des dépendances et des latrines
10 Entrée de la Citerne et de la Fontaine (Sebyl)
11 Vestibule
12 Salle pour la distribution de l'eau au public
13 Ouverture de la Citerne
14 Escalier de descente pour la Citerne
15 Escalier pour monter à l'école des jeunes garçons du quartier
16 Cour

**FACADE LATÉRALE ET DÉTAILS DU COUVENT DE DERVICH ET DE LA FONTAINE PUBLIQUE.**

Échelles de { Pour la Façade / Pour les Détails

1. Détail des lambris en pierre calcaire
2. Détail des frises idem
3, 4, 5, 6. Détails des grilles en bronze ve[rt] dans
7. Face et Profil des consoles en marbre
8. Couronnement des moucharabiehs en bois.

XL.

VUE INTÉRIEURE DU COUVENT DE DERVICH.

VUE DE LA FONTAINE PUBLIQUE ET DU COUVENT DE DERVICH SUR LA RUE HABBANYEH.

XLI.

Imp. chez L. LETRONNE, 13, Quai Voltaire

VUE DE LA PORTE DE L'OKEL KAID-BEY.

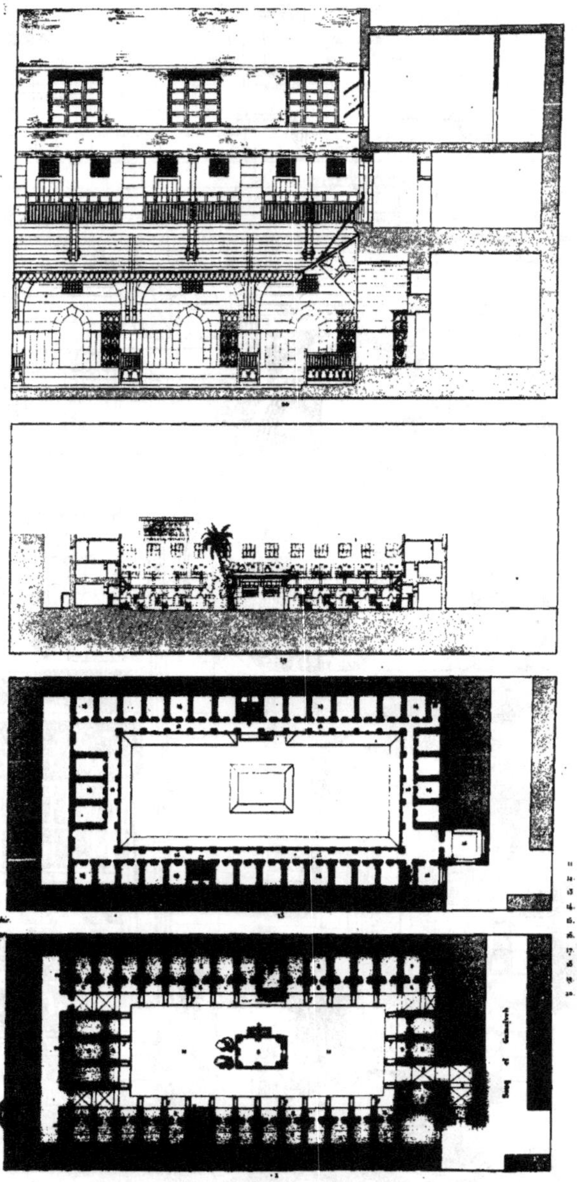

1 Rez-de-chaussée
2. Entrée de l'Okel
3. Porche
4 Loge du portier.
5 Magasins pour les marchandises de l'Arabie.
6. Sièges en pierre, où se place le vendeur
7 Sièges en bois, où se place l'acheteur.
8 Oratoire ou petite Mosquée.
9. Bassins pour les ablutions
10 Latrines

11 Escaliers pour le premier étage
12. Grande cour
13 Plan au premier étage
14. Chambres pour les marchands
15. Galeries
16. Logement pour l'intendant de l'Okel
17. Escaliers pour le deuxième étage
18 Latrines
19. Coupe sur la longueur du Plan
20. Détail de la Coupe.

PLANS COUPE ET DÉTAIL DE L'OKEL ZOULFIQAR.

Échelles de — Pour les Plans et la Coupe. — Pour le Détail.

XLIV

VUE DE L'OKEL ZOULFIQÂR.

XLV

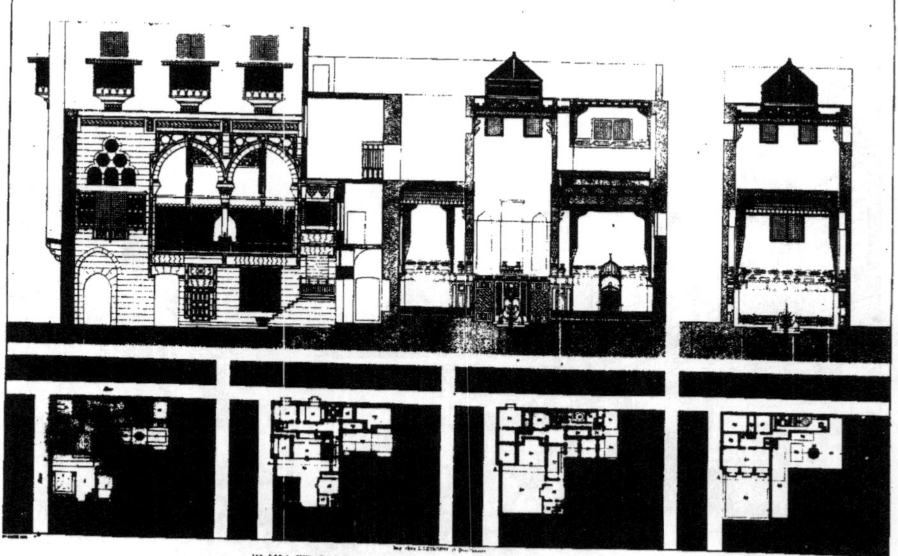

PLANS ET COUPES D'UNE MAISON, AU QUARTIER HAUCH-KADAN.

VUE INTÉRIEURE DE LA SALLE D'ÉTÉ DE LA MAISON AU QUARTIER-HAUCH KADAN

XLVII

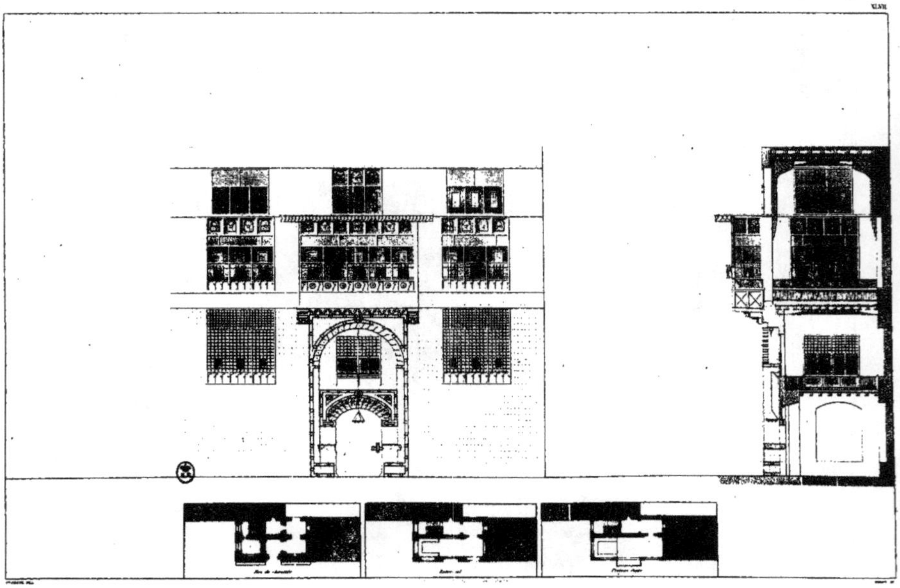


PLANS, ÉLÉVATION ET COUPE D'UNE MAISON SUR LA RUE TABBANEH

Pour les Plans
Échelles de
Pour l'Élévation et la Coupe

PLAN ET VUE D'UN CASIN SUR LE CANAL EL KHALYG HORS LA PORTE BAB-EL-CHARYEH.

Échelle de cinq millimètres par Mètre

1. *Entrée du Casin.*
2. *Siège du portier.*
3. *Cour.*
4. *Vestibule entouré de sièges en bois.*
5. *Salon avec Divan et Jet d'eau.*
6. *Chambre du maître avec Divan.*
7. *Escalier particulier du maître, pour monter chez ses femmes.*
8. *Cuisine et chambre des domestiques.*
9. *Dépense.*
10. *Latrines.*
11. *Écurie.*
12. *Jardin avec Treille.*
13. *Citerne et Abreuvoir.*
14. *Passage.*
15. *Kiosque sur le Khalyg canal du Kaire.*
16. *Petit Jardin.*
17. *Escalier pour le logement des femmes.*

XX. XLVIII.

VUE D'UN CASIN SUR LE CANAL EL KHALYG HORS LA PORTE BAB-EL-CHARYEH.

XLIX.

VUE DES CASINS SUR LE CANAL EL-KHALYG, HORS LA PORTE BAB-EL-CHARYEH

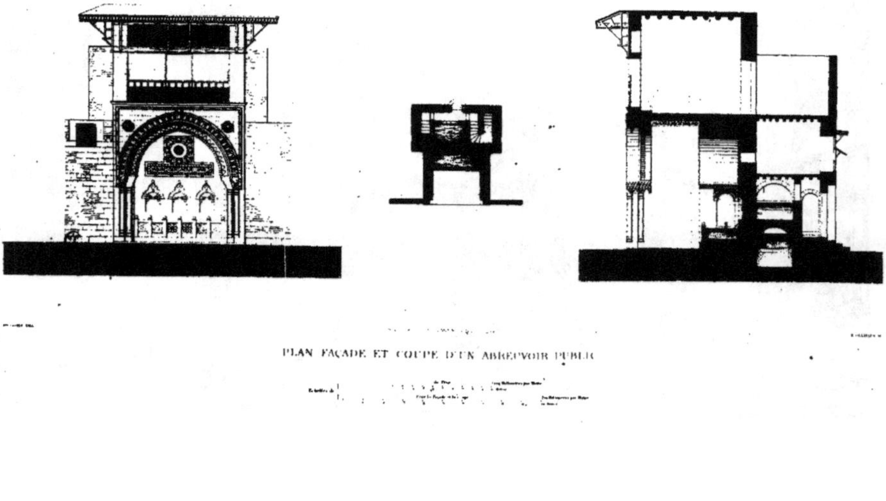

PLAN FAÇADE ET COUPE D'UN ABREUVOIR PUBLIC

Imp. chez L. LETRONNE, 4 Quai Voltaire.

VUE DE L'ABREUVOIR PUBLIC.

VUE DE LA FONTAINE ET DE L'ÉCOLE D'ISMAYL-BEY SUR LA RUE SOUQ-EL-ASR

PLANS, COUPE ET VUES DU BAIN TAMBALEH.

1 Plan du rez-de-chaussée
2 Grande salle où l'on dépose ses habillements sur les matelats avant d'entrer dans les salles d'étuve
3 Matelats recouverts d'un tapis
4 Comptoir du maître
5 Cafetier
6 1re salle d'étuve
7 2me salle d'étuve, avec bassin et jet d'eau
8 [illegible]
9 3me salle d'étuve
10 Bassin où l'eau est à 40° de chaleur
11 Salle où l'on se rase et où l'on épile
12 Latrines
13 Entrée principale du bain
14 Entrée particulière
15 Jardin
16 Plan des terrasses
17 Terrasse pour sécher les linges
18 Coupoles éclairant les salles avec des bouteilles en verre
19 Grande chaudière
20 Robinets pour la distribution des eaux
21 Conduite en plomb
22 Réservoir d'eau rempli par la citerne
23 Sakyeh ou roue à chapelet pour élever l'eau
24 Rampe pour faire monter les Bœufs au manège
25 Coupe sur la longueur du Plan de la ligne A B
26 Vue perspective de la salle où sont les matelats, le comptoir, le cafetier et le bassin à jet d'eau
27 Vue perspective de la 3me salle d'étuve et du bassin d'eau à 40° de chaleur

VUE D'UNE BOUTIQUE D'UN BARBIER AU QUARTIER FRANC PRÈS LE QUANTARAT EL GEDYDEH

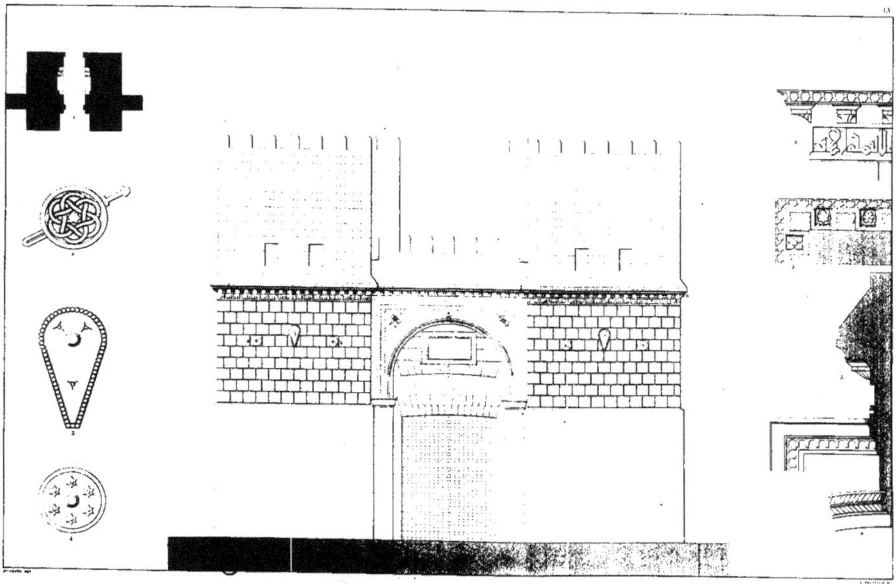

PLAN, ÉLÉVATION ET DÉTAILS DE LA PORTE BAB EL NASR (DE LA VICTOIRE)

Échelles de | Pour le Plan | Pour l'Élévation | Pour les Détails

1. Plan de la Porte flanquée de deux tours carrées
2, 3, 4. Détails des boucliers
5. Détails de la corniche, du Soffite et de l'inscription coufique
6. Détail de l'Archivolte

PLAN, ÉLÉVATION ET DÉTAILS DE LA PORTE BAB-EL-FOTOUH. (DE LA CONQUÊTE.)

1. Plan de la Porte, Mosquée de deux Tours rondes

2. Détails de la petite corniche

3. Détails et Système de la grande corniche à consoles

P. Coste del. — Imp. chez L. Letronne, 6 Quai Voltaire

VUE DE LA PORTE BAB-EL-FOTOUH

PLANS, COUPE ET VUE DE L'AQUEDUC QUI CONDUIT L'EAU À LA CITADELLE

Echelles de — Pour les Plans — Pour la Coupe

1. PLAN DU REZ-DE-CHAUSSÉE
2. Prise de l'eau du Nil
3. Bassin
4. Rampe pour monter sur la plate-forme
5. Salles servant de magasin pour le fourrage
6. PLAN DU PREMIER ÉTAGE
7. Chambres
8. Latrines
9. PLAN DE LA PLATE-FORME
10. Sakyeh, ou manège avec roue à chapelet pour élever l'eau dans le réservoir
11. Réservoirs
12. Aqueduc
13. Écuries pour les Bœufs
14. Chambres des gardiens
15. Dépôt de la paille
16. Rampe pour descendre

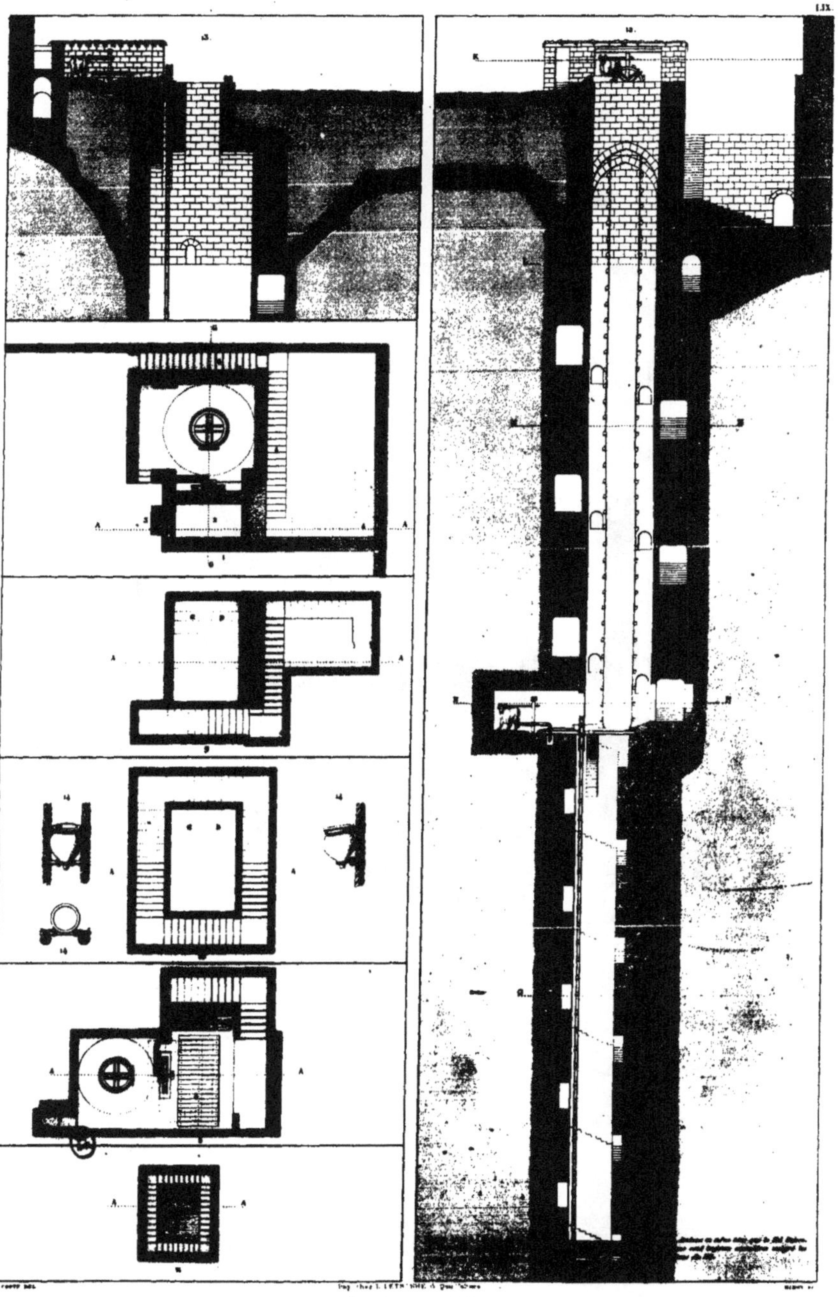

PLANS COUPES ET DÉTAILS DU PUITS DE LA CITADELLE.

1. Plan à la hauteur de K K. on voit le manège de la Sakyeh, ou roue à chapelet
2. Vide du Puits.
3. Abreuvoir.
4. Rampe pour la descente des Bœufs.
5. Plan à la hauteur de HH, on voit le manège de la Sakyeh &c.
6. Auge pour faire manger les Bœufs.
7. Dépôt de la paille pour les Bœufs.
8. Plancher en bois, couvrant la partie inférieure.
9. Plan à la hauteur de L L.
10. Plan à la hauteur de M M.
11. Plan à la hauteur de O O.
12. Coupe sur la ligne A A. des Plans
13. Coupe de la partie supérieure, sur la ligne G G. du Plan.
14. Détails des pots de terre, attachés à deux cordes parallèles, pour monter l'eau.

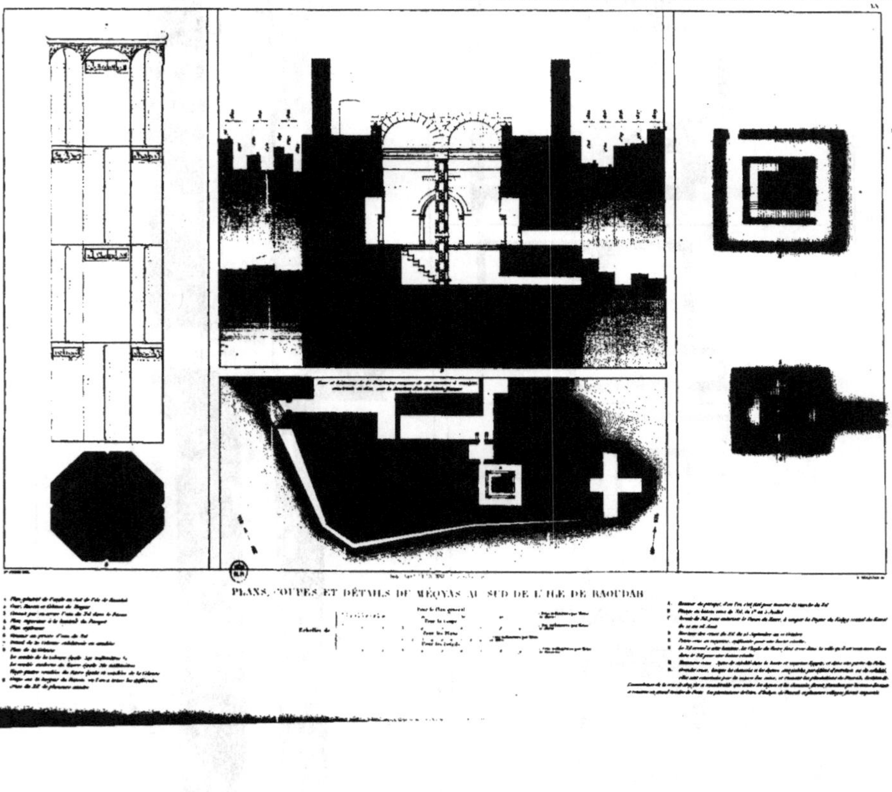

PLANS, COUPES ET DÉTAILS DU MEQYAS AU SUD DE L'ILE DE RAOUDAH

VUE DES MOSQUÉES D'EMYR-JACOUR ET D'IBRAHYM-AGA, SUR LA RUE KHOURBARYEH

RUINE D'UNE MOSQUÉE, DANS LE CIMETIÈRE SAÏD ENFISSEH.

VUE DES TOMBEAUX, AU NORD-EST DE LA VILLE.

LXIV.

VUE DES TOMBEAUX DE LA FAMILLE DE MOHAMED-ALY-PACHA DANS LE CIMETIÈRE DE L'IMÂM.

LXV.

FONTAINE ET KIOSQUES DU JARDIN DE CHOUBRAH.

MAISON DE PLAISANCE DE MAHAMMED ALY PACHA

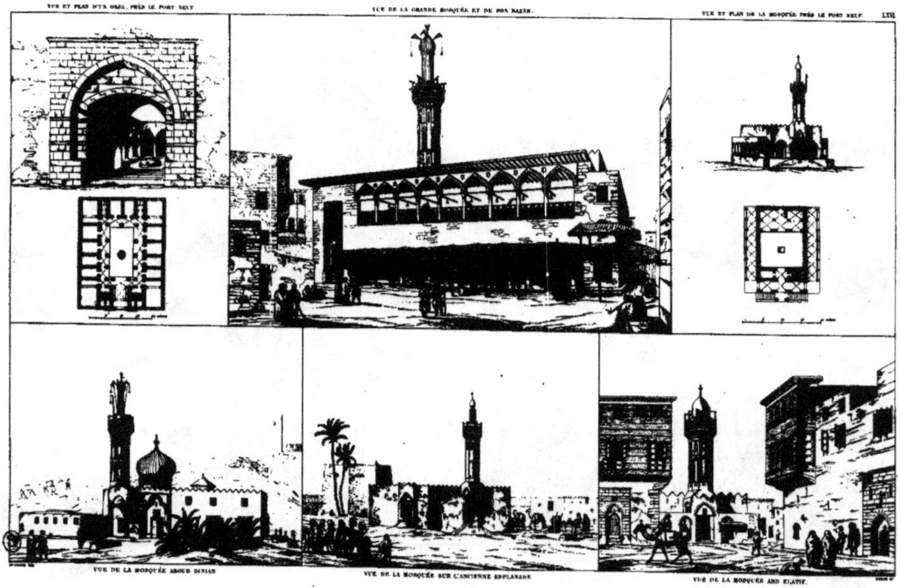

VUE ET PLAN D'UN OKEL, PRÈS LE PORT NEUF. — VUE DE LA GRANDE MOSQUÉE ET DE SON BAZAR. — VUE ET PLAN DE LA MOSQUÉE PRÈS LE PORT NEUF. LVII

VUE DE LA MOSQUÉE ABOUD DINIAN — VUE DE LA MOSQUÉE SUR L'ANCIENNE ESPLANADE — VUE DE LA MOSQUÉE AND ELATIF.

VILLE D'ALEXANDRIE

PROVINCE DE CHARKYEH.
MAISON D'UN CHEYK EL BELED A NAKRAS.

DÉTAILS DE MAISONS
DES PROVINCES DE CHARKYEH, MENOUFYEH ET BAHYREH.

PROVINCE DE MANSOURAH.
MAISON D'UN CHEYK EL BELED A ABOU KRALY.

LXVII.

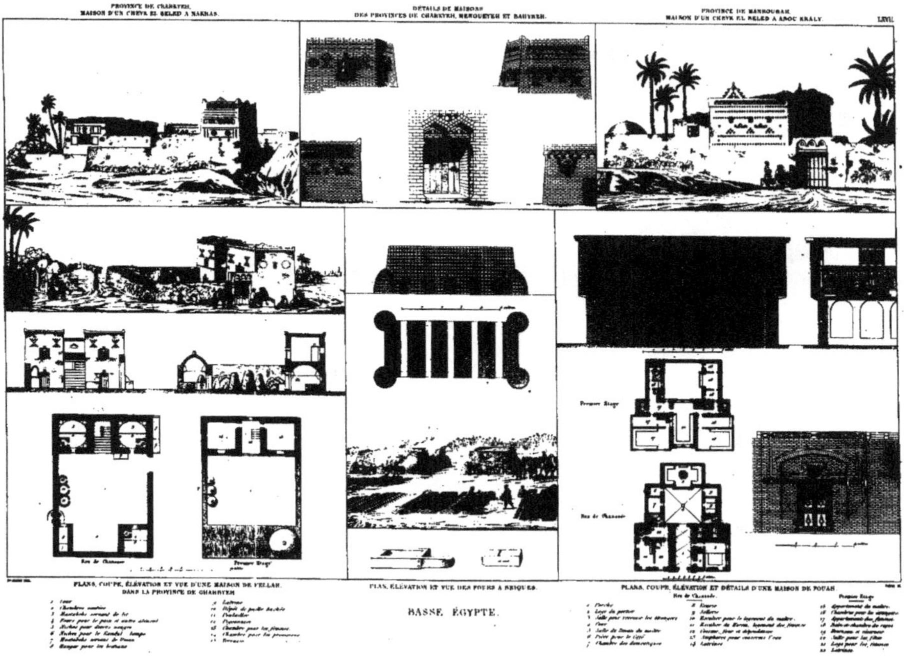


PLANS, COUPE, ÉLÉVATION ET VUE D'UNE MAISON DE FELLAH.
DANS LA PROVINCE DE CHARKYEH

1 Cour
2 Chambres voûtées
3 Mastabahs servant de lit
4 Fours pour le pain et autres alimens
5 Niches pour divers usages
6 Niches pour le Kandyl lampe
7 Mastabahs servant de Divan
8 Rampe pour les bestiaux
9 Latrines
10 Dépôt de paille hachée
11 Poulailler
12 Pigeonnier
13 Chambre pour les femmes
14 Chambre pour les provisions
15 Terrasse

PLAN, ÉLÉVATION ET VUE DES FOURS A BRIQUES.

BASSE ÉGYPTE.

PLANS, COUPE, ÉLÉVATION ET DÉTAILS D'UNE MAISON DE FOUAH

Rez de Chaussée.

1 Porche
2 Loge du portier
3 Salle pour recevoir les étrangers
4 Cour
5 Salle du Divan du maître
6 Pièce pour le Café
7 Chambre des domestiques
8 Écurie
9 Sellerie
10 Escalier pour le logement du maître
11 Escalier du Harem, logement des femmes
12 Cuisine, four et dépendances
13 Amphores pour conserver l'eau
14 Latrines

Premier Étage

15 Appartement du maître.
16 Chambres pour les étrangers.
17 Appartement des femmes.
18 Bain et chambre de repos
19 Bureaux et réservoir
20 Salle pour les fêtes
21 Loge pour les femmes
22 Latrines

## CAMPS ET TENTES DES ARABES BÉDOUINS.*

VUE DU CAMP D'UN FERIG OU ESCOUADE, SUR LA RIVE DROITE DU NIL. LXVIII.

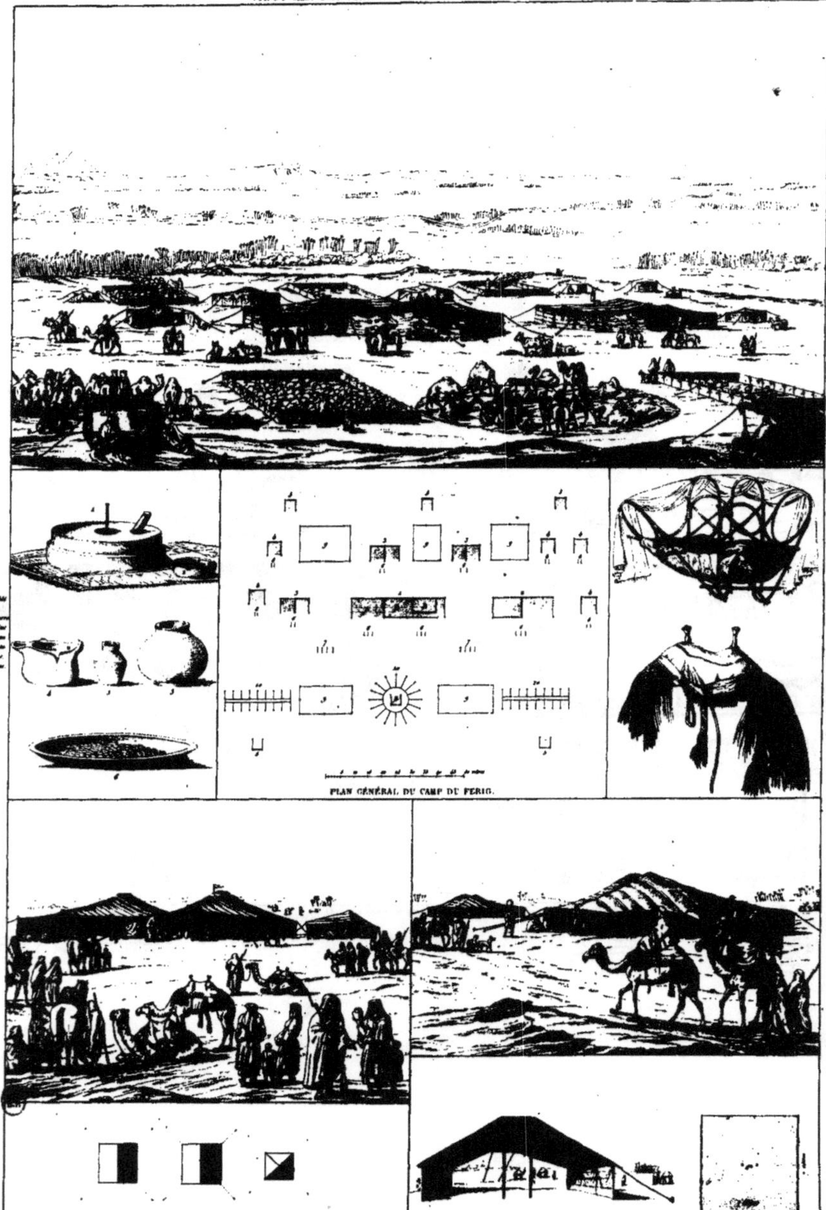


1 Moulin en pierre

Selle de Dromadaire.

CAMP SUR LA RIVE GAUCHE DU NIL.

PLAN, COUPE ET VUE DE TENTES.

LXIX.

# CAMPS ET TENTES DES TURCS.

PLAN DE LA PRINCIPALE TENTE DU PACHA

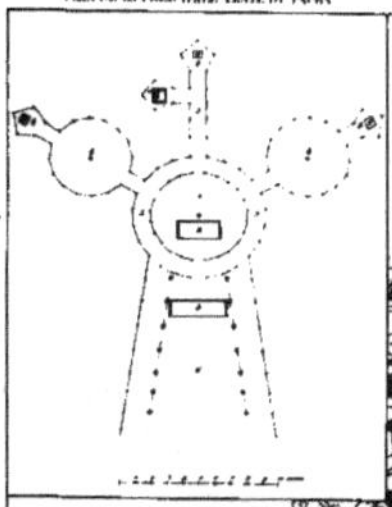

VUE DU CAMP DU PACHA PRÈS LA COLONNE DE POMPÉE

PLAN GÉNÉRAL DU CAMP.

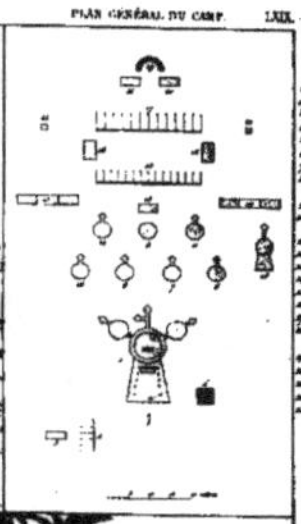

VUE DE LA TENTE D'UN KAYMAKAM

DÉTAILS PLACÉS DANS LES TENTES

1. Armes suspendues à l'arbre du milieu de la tente
2. Armes suspendues à des piquets
3. Support en fer pour placer les [illegible]
4. Kandyl, lampe suspendue à un piquet
5. [illegible]

VUE DE LA TENTE D'UN HAREM-EL-KHOT.

VUE D'UN CAMP DE BEY OU D'UN MAMOUR

VUE D'UN CAMP DE KACHEF

LXX.

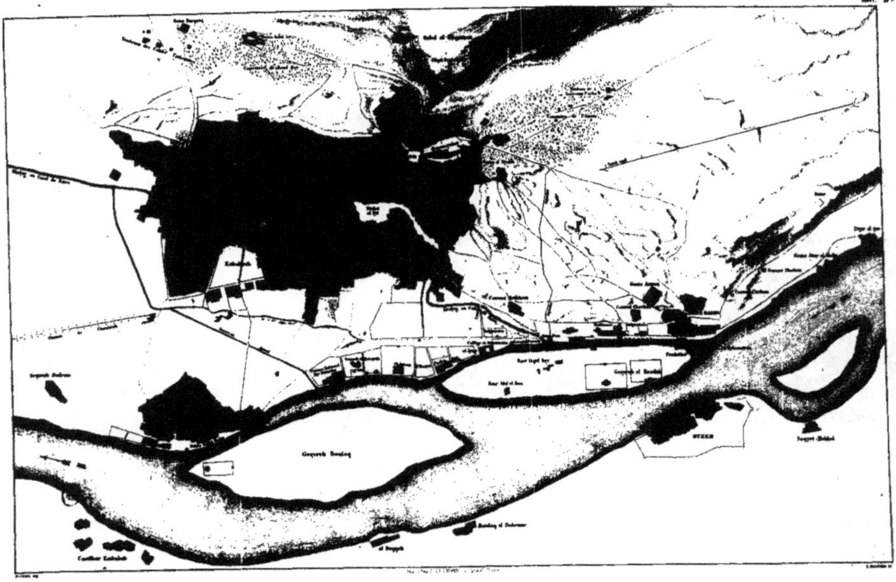


LE KAIRE ET SES ENVIRONS

www.ingramcontent.com/pod-product-compliance
Lightning Source LLC
Chambersburg PA
CBHW071814090426
42737CB00012B/2081
*9782019158446*